DRIVING AND CONTROLLING MANAGEMENT

THE WAY FOR ENTERPRISES TO INNOVATE AND GROW IN THE DIGITAL ERA

驱导管理

数字时代企业创新成长之道

陈文军◎著

中国经济出版社
CHINA ECONOMIC PUBLISHING HOUSE
北京

图书在版编目（CIP）数据

驱导管理：数字时代企业创新成长之道 / 陈文军著
. -- 北京：中国经济出版社，2023.10
ISBN 978-7-5136-7539-0

Ⅰ. ①驱… Ⅱ. ①陈… Ⅲ. ①数字技术 – 应用 – 企业
创新 – 研究 Ⅳ. ① F273.1-39

中国国家版本馆 CIP 数据核字（2023）第 212135 号

责任编辑 贺 静
责任印制 马小宾
封面设计 华子设计

出版发行 中国经济出版社
印 刷 者 北京建宏印刷有限公司
经 销 者 各地新华书店
开　　本 710mm × 1000mm 1/16
印　　张 7.75
字　　数 130 千字
版　　次 2023 年 10 月第 1 版
印　　次 2023 年 10 月第 1 次
定　　价 88.00 元
广告经营许可证 京西工商广字第 8179 号

中国经济出版社 **网址** www.economyph.com **社址** 北京市东城区安定门外大街 58 号 **邮编** 100011
本版图书如存在印装质量问题，请与本社销售中心联系调换（联系电话：010-57512564）

序　言

数字时代需要驱导管理

一、数字时代的管理趋势

随着人类进入数字时代，互联网使沟通畅通无阻，知识传播呈爆炸式扩展，信息流加速导致市场的人流、物流、资金流发生了翻天覆地的变化，其正在重塑社群生活方式，推动企业运营和市场竞争方式向更新颖、更高级的阶段演化。

处于工业时代的企业，在某个区域建立自己的工厂，通过企业内部职能专业分工，在工厂内部协作生产，以标准化、规模化方式向周边市场提供商品，满足客户需求。随着交通线路拓展和交通工具的进步，这些商品走向更远的地区甚至全球市场。这个时期的客户需求变化缓慢，区域内企业制造商品的方式和地点相对固定，稳定的企业组织与稳定的客户需求之间持续对接。随着企业技术进步和公共设施建设的扩张，企业组织规模和客户需求规模成倍增加，形成工业时代的企业发展模式。

工业时代的企业竞争被称为“阵地战”——以开拓、占领、驻守地域市场空间，以及建立稳定的商品供应链为主导。企业在组织管理上通常以抢占市场、产能规模化、管控效率为主要目标（见图 1）。这是一个以“泰勒”为代表、以追求效率为最终目的的科学管理时代。

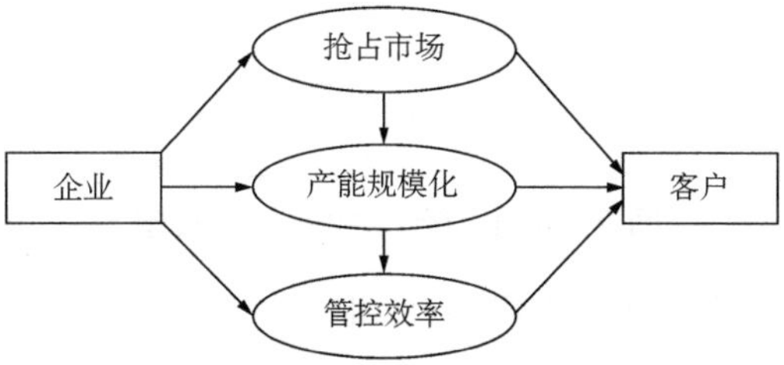

图 1　工业时代企业的组织管理

随着人类进入电子时代，电力、电话、电缆、汽车等在世界范围内的普及，加速了人员和物资的流动。大型城市、区域产业集群出现，世界经济一体化和产业分工呈现勃勃生机，人们的观念、生活方式急速变化，时尚元素层出不穷，多元价值观并存，新消费方式也呈现多样化。资本在全球流动，不断改变投资领域与方式，引发新产业、新区域的兴起与繁荣，这些都使企业组织在追逐客户、提供服务上面临市场瞬息万变的挑战，只有那些能够紧跟消费浪潮和客户流变的企业才能发展壮大。

电子时代的客户流变使企业之间的市场竞争转为“突击战”——企业需要面对层出不穷的新客户、新需求，持续攻城略地。除需要抢占市场、实现产能规模化、提高管控效率外，企业还需要在愿望、能力、业务上具有强大的驱动力，以便带领员工持续发动市场“突击战”（见图 2）。尽管电子时代的企业管理建立在科学、效率的基础上，但其焦点转移到了对人的主观能动性的调动与开发上，人本管理、文化管理成为企业组织运营的主流方式。自 1924 年著名的霍桑实验之后，道格拉斯·麦格雷戈将管理范式从“X 理论”升级为“Y 理论”；威廉·大内将管控效率转向激励人的主动性和内驱力，从而进一步升级为“Z 理论”，即重视企业价值观、愿景等文化因素。因此，对企业员工内驱力及其潜力的开发，成为管理运营的焦点。

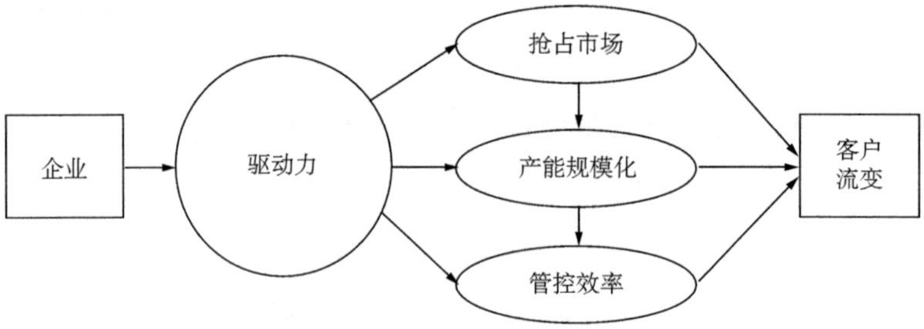

图 2　电子时代企业的人本管理

随着计算机、互联网、物联网的相继兴起，人类进入数字时代。无线网络和移动终端的普及，使普通民众与社会组织之间时刻连接且不间断地交流。互联网平台和社交网络几乎可以与消费者零成本、持续且迅捷地连接和互动。一方面，客户可以从容地通过网络获取自己想要的产品与服务；另一方面，企业可以通过网络触及世界上任何地方、任意个体所拥有的资源，为自己的产品、服务和创新所用。如此，不同于电子时代，企业组织在全球布局，客户迁移流变，其需求也日新月异。再没有什么稳定不变的事物了，企业组织面临动荡、变革、重组，客户似乎“居无定所”、变幻莫测，两者时刻处于互动、调整、适应的动态演变之中。企业组织仅仅依靠管控效率、人文驱动力，显然不足以应对如此“乌卡”（VUCA，即“Volatile，Uncertain，Complex，Ambiguous”的缩写，意指“易变、不确定、复杂、模糊”）环境。为了在竞争中立于不败之地，企业组织将开发目标从员工内驱力转向其行为改善与创新潜力，以打造敏捷型组织（见图 3）。

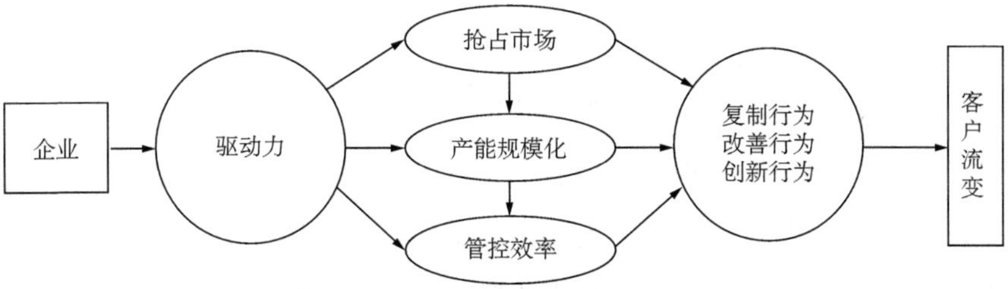

图 3　数字时代企业的驱导管理

早在 1912 年，熊彼特就提出了创新推动经济发展的观点，后经德鲁克、克里斯坦森等管理大师对企业创新的深度阐述，组织管理专家达成广泛共识，认为创新行为才是社会进步、企业提升竞争力的最终动力。自工业革命以来，随着科技进步和对人性认知的加深，创新赋能成为焦点，企业管理的思想和方法发生根本性变革，进而形成了市场竞争趋势的新变化。那么，我们应该如何顺应这个趋势呢？

二、构建数字时代的驱导管理模式

进入数字时代，在社交网络（Web3.0）、大数据、人工智能、虚拟现实（元宇宙）等前沿技术的推动下，企业需要在构建驱动力、制导系统的基础上，突出改善与创新行为，进而形成一种新的管理模式。对此，笔者建构了驱导管理这一适应当下商业情景的有效模式，突出企业复制、改善、创新行为及其敏捷性，如图 4 所示。

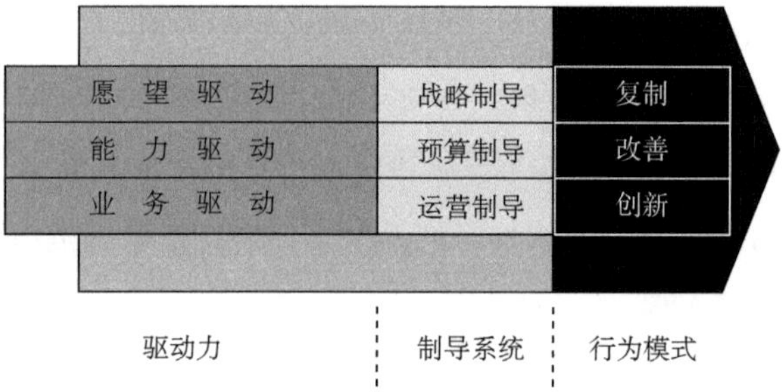

图 4　驱导管理模式

工业时代的企业管理是以管控效率为核心的“制导管理”，重视平稳和效率。电子时代的企业管理是以激发个体驱动力为核心的“驱动管理”，需要强大的驱动力系统。数字时代的模糊和不确定性，需要企业在管理中融合“制导”与“驱动力”，同时注重创新行为及其敏捷性，类似于导弹，由驱动力、制导系统和行为模式构成，这就是驱导管理，其表现在图形上就像是一枚飞行中的导弹，如图 5 所示。

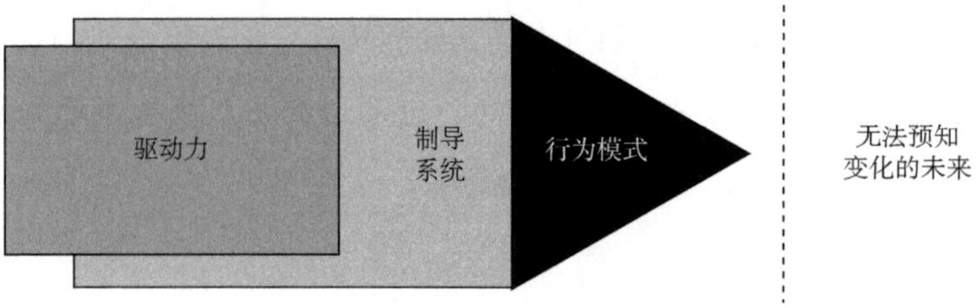

图 5　驱导管理的三个组成部分

企业的成长，犹如这枚飞行中的导弹，在驱动力、制导系统和行为模式的协同下，向着目标灵活、自如地前进。

近年来，许多企业相继开始了数字化进程。大部分企业围绕着问题场景提出需求，让网络软件供应商助其线上运营，在运营效率和业务上构建数字运营体系。然而，上升到助力企业能力升级和对未来业务竞争力的赋能层面，这些企业却没有明确的目标和思路。

利用驱导管理模式及其方法论，找到三个数字化入口，能够对企业的数字化路径与方式进行清晰、有效的规划。

其一，从驱动力入手，针对企业业务增长的问题场景，规划数字化解决方案，为业务运营赋能，提高客户关系管理与营销管理的智能化水准。在此基础上，考虑利用数字技术为整个企业的核心竞争能力赋能，将企业的能力提升到一个新高度。

其二，从制导系统入手，重点是提升企业运营效率和防范经营风险。数字化的期限可以设定为 1 年、3 年或 5 年，如果希望增加企业组织运营的敏捷性，也可以设定 6 个月为一个周期，以此带动横向管控和纵向流程两项数字化变革。

其三，在对客户、市场、流程、运营效率等充分认知的基础上，利用数字化技术加大对问题的改善和改革力度，推动企业连接并获取创新社会资源，构建数字化企业创新体系。

企业的数字化转型建立在对企业组织、运营及其创新行为的深刻理解之上，借助驱导管理模式与方法论，可以全面、系统地推动企业核心竞争能力和创新能力的升级。

本书是笔者对多年管理咨询和实践经验的思考与总结，也是笔者探索管理历史变迁、管理方法演化的一个里程碑，希望能为企业提供应对数字化技术浪潮和未来市场竞争的管理工具，帮助企业导入驱导管理模式，助力企业在数字时代的增长驱动、战略运营与创新突破。

导 论

驱导管理助企业解决成长的三大难题

企业的成长犹如一枚飞行中的导弹，需要驱动力、制导系统、行为模式三个部分的协调与配合。

导弹飞行时，推进系统、制导系统、具有穿透力的导弹头，三者相辅相成。而企业发展的驱动力、制导系统和对未来具有穿透力的行为模式，三者同样相辅相成，缺一不可。

导弹在飞行中，有可能推进系统出现问题，导致其飞行速度缓慢；也有可能制导系统出现问题，导致导弹偏离正常轨道；还有可能在高速飞行中，导弹头与空气的强烈摩擦导致导弹失去穿透力，无法继续前进。企业也是如此。驱动力、制导系统、行为模式这三个部分出现问题，表现为企业驱动力衰退、增长乏力和创造力枯竭，这是企业成长过程中普遍存在的三大难题。

在管理实践中，对于上述三个部分，企业管理者感到最困难的不是某一部分的缺乏，而是三者在不同程度上均有所欠缺，所以需要全面、系统地解决问题。

本书阐述的驱导管理，就是通过建构企业的驱动力、制导系统和富有穿透力的行为模式，帮助企业解决成长的三大难题。

驱导管理的导入可以使企业的每一位管理者和员工在团队协作中驱动进化、在过程的制导中增加诚信、在尝试行动中树立信心。

目　录

第一篇　塑造企业持续进化的驱动力

第三篇 持续改善和创新的行为模式

第一篇

塑造企业持续进化的驱动力

本书为企业发展设计了三个驱动力，如右图所示。

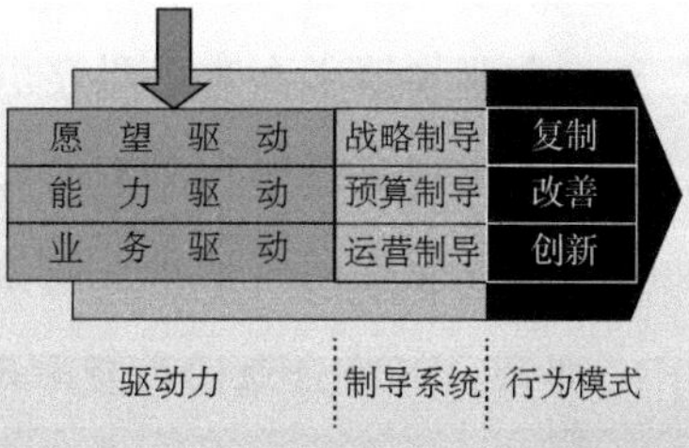

❶ **愿望驱动。**它是企业发展的自我驱动力。从管理层到员工，都有强烈的发展愿望和追求卓越的激情。

❷ **能力驱动。**企业竞争归根结底是能力的竞争。市场竞争压力促使企业持续提升自身能力，并随环境变化培养新能力。

❸ **业务驱动。**企业通过业务为客户创造和传递价值，但客户群体在变化，客户需求也在变化，企业必须针对这些变化，及时优化和调整业务。

企业管理者可以通过建立并维护上述三个驱动力，利用其力量推动企业持续发展。

第一章 愿望驱动

如果你的企业存在以下情况，可能是愿望驱动不足。

· 员工工作积极性不高，没有激情。

· 中层管理者表面认真，实际上都怕承担责任，得过且过。

· 整个企业再也没有创业时期团结奋斗、勇于作为的锐气。

· 企业管理者和员工思路混乱，怨声载道，士气低落。

· 企业内部每个人都有自己的想法，自以为是，各行其是。

· 企业管理的新举措、新业务在实行上不能持之以恒。

那么，何为企业的愿望驱动呢？让我们一起开始探索吧！

第一节 愿望驱动的构成

企业的愿望驱动主要由 6 个要素构成，即使命、愿景、价值观、任务和目标、思维、意志。

使命、愿景、价值观组成企业的信仰体系。信仰是愿望的最高境界。任务和目标是愿望的具体化，它不仅把企业的愿望逐一落实，而且在完成后会使员工产生成就感。敢于提出挑战性任务和目标的人，他们的愿望是强烈的。愿望需要员工具备清晰的思维，只有思维清晰，愿望才能明确。愿望还需要员工具备坚强的意志，只有意志坚强，愿望才会坚定。

一、造就企业的信仰体系

我们进入一家企业工作后，难免会遇到艰辛时刻，甚至遭遇挫折。此时，我们会问自己，为什么还要在这家企业待下去？也就是说，我们需要让自己担负一个使命。企业使命是我们在工作中遇到困难时能够坚持下去的动力，也是我们解决矛盾时能够团结一致的原因。

为了完成企业使命，我们需要为自己设定一个清晰的长期发展目标即企业愿景，还必须了解为完成企业使命所必须遵循的基本原则即企业价值观。

企业使命是企业存在的理由，企业愿景是企业前进的方向，企业价值观是企业前进过程中必须遵守的原则，如图 1–1 所示。

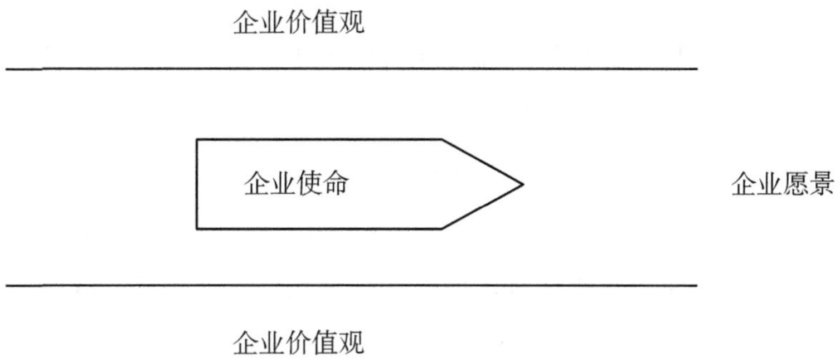

图 1–1 企业的信仰体系

企业的使命、愿景、价值观构成企业的信仰体系。

企业必须造就自己的信仰体系，使其成为企业行为的出发点和内在标准。问题在于，企业管理者如何帮助员工建立企业的信仰体系呢？

二、企业的任务和目标

建立企业信仰体系后，任务和目标的重要性便逐步显现。任务和目标，不仅是我们对自身愿望的具体表达，也是测试我们愿望强烈程度的指标。不敢提出任务和目标的人，可以说他没有愿望，或者愿望不够清晰。

任务特指企业的阶段性任务，从企业长远发展的角度来看，企业管理者要能够适时地提出企业的阶段性任务，通过任务使每名员工的企业愿景更加清晰，任务既能凝聚人心，又能鼓舞斗志。

企业管理者明确了企业任务后，就要把企业任务具体化，形成企业目标。有了企业目标，每个人的岗位责任、年度具体工作、考核指标就可以确定了。任务和目标的区别在于，任务由企业管理者提出并需获得员工的响应，目标则由员工提出且需要获得企业管理者的认同。

企业每年为员工“制定”目标，这是错误的。因为这些目标不是员工发自内心愿意实现的目标，所以在其制定时就已经失去了实现它们的持久动力。目标的设定不是自上而下，而是自下而上。

三、以思维的流程化塑造共同愿望

为什么在许多问题上企业管理者与员工不能达成一致？根本原因在于每个人思考问题的方式不一样。而思维的流程化有助于改善这一问题。它可以使大家朝一个方向思考，从而更易达成共识，提高决策的效率，塑造共同愿望。

我们习惯于利用有形的工具提高团队的工作效率，却忽视了无形的工具——思维方式的训练。企业作为一个组织，要培养员工在分析问题、讨论问题、形成决策的过程中，遵循一定的思维流程，而这必须通过训练来实现。流程化的思维才是组织的思维、企业的思维。

四、训练有素的意志

一些企业的管理者和员工拥有共同的信仰体系，企业任务和个人目标相对明确，思维方式也可以达成一致，可企业最终却破产了，为什么？因为他们意志薄弱，往往对需要做的事情浅尝辄止，一旦遇到困难便迅速放弃。

相对于人们的高期望，我们的失败总是多于成功，所谓“人生在世，九分失意”。企业管理也是如此，往往是“无数小失败，一次大成功”。对于企业管理者和员工而言，重要的不是如何分享胜利的喜悦，而是面对失败时的态度、情绪和行为。意志是我们面对失败时仍然心智坚定、顽强奋斗的力量。在激烈的市场竞争中，企业管理者和员工需要具备训练有素的意志。

第二节 持久的愿望来自信仰

一、信仰是持久愿望之源

企业是由一群人聚集在一起而形成的组织，他们之所以能聚在一起，是基于共同的信仰体系，这个信仰体系如同企业的DNA，并且回答了事关企业存在和发展的三个根本问题：

（1）我们到底是为了什么？——企业使命。

（2）我们将走向哪里？——企业愿景。

（3）指引我们行动的信条是什么？——企业价值观。

如前文所述，使命、愿景、价值观是构成企业信仰体系不可或缺的三个基本要素。

企业每天都有许多问题需要解决，如果企业管理者和员工的信仰模糊，不仅会让企业失去方向，而且不能创造持久的工作激情。因此，企业管理者有必要将企业的信仰清晰地提出来，使之成为大家的共识，它既是企业竞争力的根基，也是企业发展的持久动力。

二、企业使命是企业存在的理由

有使命感的企业才能有持久的生命力。企业使命构成企业员工的基本共识。因为有这一共识，大家在发生争论、产生利益冲突时，才会彼此妥协、精诚合作。

企业使命是社会赋予的，企业存在是因为社会需要，因此满足社会在某些方面的需要，成为众多企业确立其企业使命时的依据。

例如，沃尔沃汽车的企业使命是："为现代家庭带来最安全、最激情飞扬的汽车驾乘体验。"

伊利集团的企业使命则是："为消费者提供营养、健康，让伊利成为消费者的首选，成为人类身体健康的源泉。"

企业使命给企业的存在提供了理由，而企业如果失去了自己的使命，人们便会质疑其存在的意义与价值。

三、确立企业未来发展的愿景

企业愿景介于企业使命和企业目标之间，它既不像企业使命那样趋于完美，又不如企业目标具体，它是企业对未来一段时间发展方向和期望结果的描述，也是企业管理者和员工给未来的自己的承诺。

有学者通过调研发现，在对企业愿景进行描述时，反复使用的词语如下：

（1）国际性 / 全球性 / 全世界。显然，随着世界经济一体化，成为国际一流跨国公司已成为越来越多企业的追求。

（2）最中意的 / 最好的 / 头等的 / 第一选择。在产品、服务、业务、市场地位等方面追求卓越，构成了许多企业其愿景的主要内容。

（3）客户 / 消费者 / 顾客。越来越多的企业明白，只有在未来为客户提供更多的价值，企业才能得到发展。

（4）领导 / 领导者。企业希望在实力、规模、市场份额、技术创新、品牌等帮助企业取得成功的关键因素上成为"领头羊"。

（5）选择性 / 专门性。企业试图把业务定位于某些专门领域，从而体现自身的专业性和权威性。

（6）最成功的。这表明企业期望经过长期的努力与经营，在未来取得理想的成绩。

从上述高频词语中可以看出，愿景是企业在规模、程度、范围等方面对未来前景的定性描述，可以激发员工对未来的憧憬，因为这也是企业对员工未来的承诺。

许多企业的愿景是由高层管理者独自制定的，只能反映其个人对企业未来的期待，并不是企业全体成员的共同理想。因此，企业愿景的产生，应该由企业高层管理者牵头，经过分析、讨论、对话得出。

四、价值观是企业行为的基本规则

这个世界从来不缺见机行事的企业管理者，投机分子随处可见，但企业要想持续经营下去，把握长期的机会，就必须信守一些基本规则，这就是企业的价值观。

老沃森曾给 IBM 提出了四个价值观：

· 我们要成为客户信任的合作伙伴。

· 我们要有可靠的长期投资。

· 我们要成为不断进步的雇主。

· 我们要成为一个负责任的企业公民。

老沃森的四个价值观发展到现在，被定义为“成就客户、创新为要、诚信负责”。

其实，IBM 的这些价值观并不神秘，它们所诉求的都是反映人类永恒、普遍价值的基本规则，经得起时间的考验，也能让企业在不断变化的竞争中立于不败之地。

企业的某些核心价值，并不是一开始就被管理者清晰地认识并坚定不移地遵循，而是在企业面临危机时其重要性才逐渐浮现——必须坚守这些规则，企业才能永续经营。

杜邦公司刚刚成立时，主要生产炸药，而爆炸事故的发生使杜邦公司在公众心中成为“死亡工厂”的代名词。杜邦意识到，必须确立公司基本行为准则并使之发展成为核心价值观。继“安全、道德和对员工的尊重”之后，杜邦公司又将“环境管理”加入其中，形成了杜邦公司的四个核心价值观，即“安全、环保和健康、职业道德、对人的尊重”[①]。

企业管理者应该思索这样一个问题：哪些是使企业取得长期成功的关键因素？在这些关键因素上，企业管理者和员工需要遵循哪些基本规则？

① 资料来源：https：//www.sohu.com/a/387549053_249530。

五、探索原有心智模式

无论企业的现状如何，在改善、重塑企业的信仰体系之前，首先需要对员工原有心智模式进行探索，可采取问卷调查和因果映射相结合的方法。

（一）问卷调查

问卷调查涉及三个维度：

（1）观念维度。了解员工和管理者的观念现状，包括对企业、其他员工、自己、企业管理者、业务、产品服务等的看法。

（2）行为维度。了解员工在具体事情上的决策行为，尤其是习惯性行为。

（3）情感维度。了解员工对于企业共同的使命、愿景、价值观是否理解并产生共鸣，即在情感上对企业的忠诚度如何。

一些企业可能有着较为清晰的使命、愿景、价值观，但未必被员工喜欢和认同。也就是说，这些文字性口号实际上并没有成为员工的心智模式。

问卷调查不是塑造企业信仰体系的表面工作，而是为了解企业各级管理者和底层员工的真实想法。

（二）因果映射

因果映射是指通过小组访谈，采用探询、追问、自我质疑等方式，让企业员工逐步挖掘隐藏在自身清晰观念下的潜意识，如图 1–2 所示。

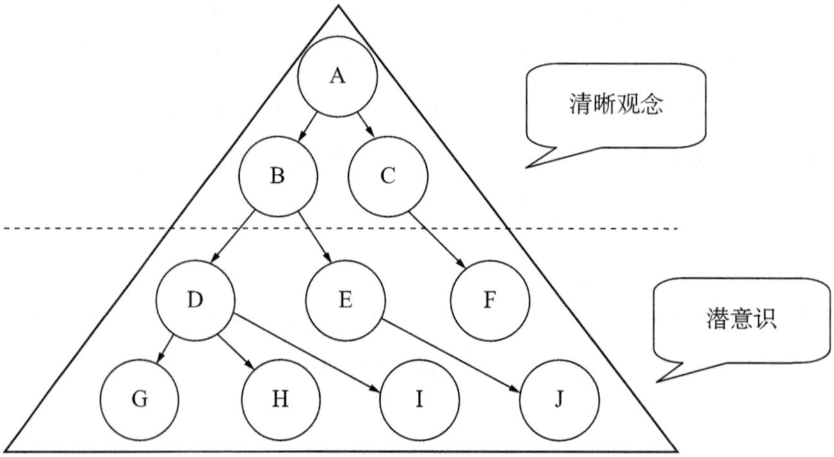

图 1–2　因果映射

我们可以从问题A（例如“这么多年以来，为什么我们取得了成功？”）开始，进行因果映射。访谈者可能回答B或C，如“我们一直在产品质量上精益求精”“我们具有团队精神”。对B继续询问，得出D或E，再由D追问至G、H、I，直至进入员工的潜意识层面。

只要是进入员工潜意识层面的内容，都是对员工原有心智模式的揭示。

然而，现实中许多企业管理者自己也不知道企业成功的原因，所以往往对员工潜意识中的“优良文化”并没有进行有效的管理，或是消极管理，甚至从未管理过。

六、促进心灵转换

心灵转换的目的是使企业员工原有心智模式转型。企业管理中经常强调的“换位思考”就是心灵转换的一种最常用的形式。

在促进员工心灵转换上，我们通常采用三个方法。

（一）利用创造性张力

创造性张力是指当一个人认识到自己的现状与理想之间的差距时，渴望改变自己的力量。

制造企业创造性张力的主要方法，就是同世界一流企业的信仰体系对标，认识自己的缺陷，转变固有观念，提升对塑造企业新信仰体系的向往程度。

（二）借用隐喻和形象思维

隐喻是指通过故事的形式，冲击个体原有的观念系统，促进心灵转换，如下面这则管理寓言。

一个失明的男孩坐在街边，手里拿着一个牌子，上面写道：“我是个盲人，请帮帮我。”脚边的破碗里只有很少的硬币。一位绅士路过时，先是掏出几枚硬币投进碗里，然后拿过男孩手中的牌子，将上面的文字改为：“今天是美好的一天，但我却什么也看不见。”又把牌子递给了男孩，很快碗里便装满了钱。

对于形象思维的运用，我们则可以用以下的例子来说明。

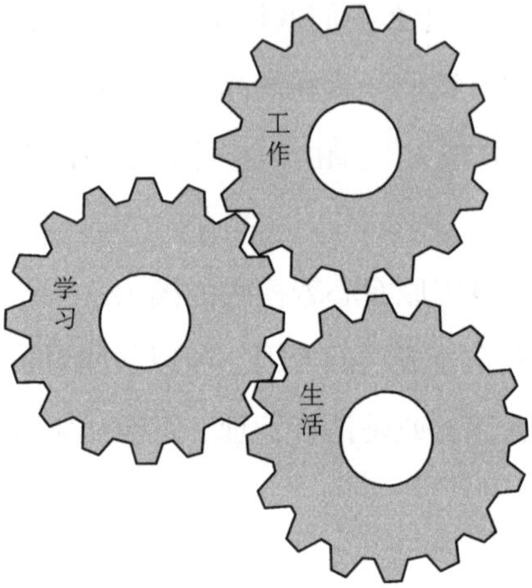

图 1-3　形象思维

一位企业管理者意识到，高绩效的员工，必须在工作、学习、生活三者之间做好平衡，但他很难改变员工们的固有思想，即认为工作就是工作，和自己的学习、生活没有关系。甚至有的员工说："我把工作干好就行了，领导为什么要管我们那么多事？"这位管理者并没有长篇大论地说教，而是画了一幅由三个齿轮组成的图（见图 1-3），并把它张贴在办公区。这种直观的形象，每天都在刺激着员工的思想，促使他们进行心灵转换。

（三）自我质询与换位思考

自我质询是指针对自己现有的观念和行为，用"为什么"进行反思："我为什么要这么想呢？我为什么会产生这样的行为？"经过不断的自我质询和反思，从而意识到自身原有心智模式的缺点，促使自己改变固有观念并在行为上尝试创新。

换位思考是指换一种立场看待问题并从不同的角度研究问题，以开放的心态对待冲突，从而获得对问题的新理解，摆脱思维惯性，彻底更新观念，促进心灵转换。

换位思考相对来说比较容易做到，而长期不断地自我质询，则需要我们养成对事物持续思索的习惯方能实现。

七、设计增强环路

塑造信仰体系是一个持续、增强的过程，需要企业设计一个增强环路，同时要克服过程中的抑制性因素，如图 1-4 所示。

增强环路的设计可分为以下三个阶段。

第一阶段为探索原有心智模式阶段。业绩下降、亏损、管理层出现矛盾等，都可能成为企业反思原有心智模式的契机。洞见能力强的管理者，可以敏锐地通过客户投诉、质量不过关、价格下跌等意识到企业原有心智模式的缺陷，从而开始企业文化变革。

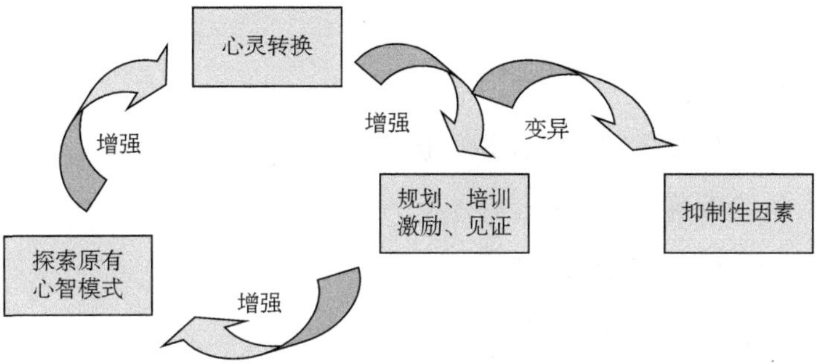

图 1-4 增强环路

第二阶段为心灵转换阶段。心灵转换的成功，一方面取决于企业对原有心智模式探索的广度和深度，另一方面取决于心灵转换工具的有效使用。包括：

（1）情绪转变——应用创造性张力，提升对固有观念的厌恶度和对塑造新信仰体系的向往度。

（2）感情和思维的转折点——在隐喻和形象思维的刺激下，打破原有情感偏好、思维惯性，形成感情和思维的转折点。

（3）观念超越和知识突破——通过自我质询，在分析性反思下，超越原有思想观念，同时利用解释性反思，突破原有知识框架。

第三阶段为规划、培训、激励、见证阶段。对企业的使命、愿景、价值观进行规划，将其与企业员工的个人职业生涯规划相结合，逐步应用于企业培训和激励措施，并在企业管理行为中不断见证这些企业信条的践行情况。

许多企业没有经过第一阶段的探索原有心智模式和第二阶段的心灵转换，就直接进行企业信仰体系的规划。这些规划大多数浅尝辄止，最终流于形式，既不能让每位企业员工的心灵受到震撼，也不能使企业行为模式从根本上改变。

需要指出的是，规划和培训必须是企业高层与底层员工共同参与、群策群力的过程，唯有如此才可达到卓越效果。激励和见证的手段可以多样化，但必须突出重点。

八、克服抑制性因素

在设计增强环路的每个阶段，都有可能出现抑制性因素，所以需要在设计初期就采取一系列措施，预防并消除这些抑制性因素的产生和发展。

（一）第一阶段的抑制性因素

· 成功和自满。

· 对不同的思想和见解选择无视，铲除“异己”。

· 疲惫、情绪低落，失去自信等。

（二）第二阶段的抑制性因素

· 固守既得利益，不再有冒险的勇气。

· 思维能力训练不足，没有深思的习惯。

· 对话能力训练不足等。

（三）第三阶段的抑制性因素

· 缺乏群策群力的有效手段，不能达成共识。

· 容易受到短期利益和机会的诱惑。

· 缺乏有效的行为学习模式，尤其不能正确地对待失败等。

抑制性因素既能导致一个良好的增强环路弱化，更能造成增强环路的停滞。尽管塑造企业信仰体系是驱导管理模式中的核心部分，但是如果不能健全其他部分并使其运作良好，就会产生塑造企业信仰体系的抑制性因素。

第三节　任务、目标让愿望变得具体

塑造了企业的信仰体系之后，管理者希望企业的现实经营状况和未来的发展符合他们的信仰，这就产生了企业任务。为了完成这些任务，又需要确定时间、程度等指标，从而形成企业目标。因此，任务、目标只不过是企业依据自身的核心信仰，期待在未来某个阶段达成的具体结果。

企业的生存与发展，既要坚守自己的核心信仰，又要面对环境变化，这就需要对驱动力（愿望驱动、能力驱动、业务驱动）、制导系统（战略制导、预算制导、运营制导）、行为模式（复制行为、改善行为、创新行为）进行变革，当企业明确了这些需要变革的项目时，就形成了未来任务，目标就是对这些任务在时间、数量上的具体规定。

在人类的登月计划中，科学家相信人类一定可以登上月球，这属于基本信仰。然而，真要把人类送到月球，就必须充分估算运载火箭从地球到月球的旅途中所处环境的变化；根据这些环境的变化，进一步确定火箭在每一个飞行阶段需要完成的任务；再根据这些任务，确定人类登月计划应该达到的目标。

根据驱导管理模型，企业任务、目标的产生遵循如图 1–5 所示的流程。

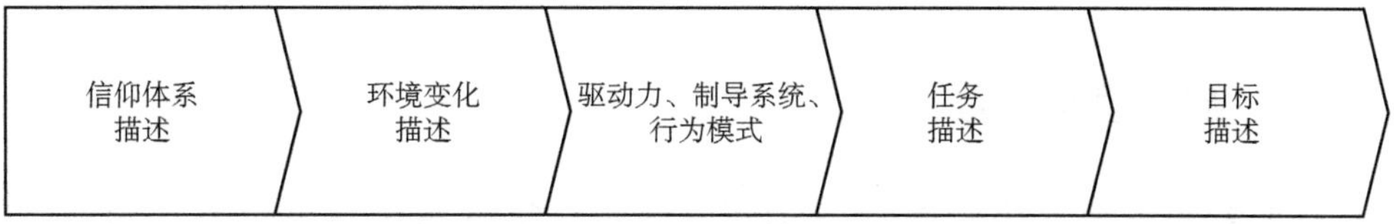

图 1–5　企业任务和目标的产生

第四节　思维训练有素，愿望才能坚定

一般企业与世界一流企业最根本的差距，不是文化、制度、技术、人才的差距，而是思维能力的差距。企业管理者应该从思维方面训练员工。

一、缺乏思维能力的管理者

企业思维水平的高低和思维模式的一致性，关系到企业面对不同问题时的决策和行为。

企业管理中的许多决策和行为是一个长期、持续的过程，而那些习惯凭感觉决策的企业管理者，如果其决策没有理性的思维分析作为支撑，又不能在短期内让自己的感觉得到验证，最终必然导致决策的一致性和坚定性丧失。

现在的企业管理者注重理论学习，比如对“激励机制”“市场定位”“核心竞争力”“执行力”“品牌形象”等概念进行探讨，在概念探讨上并不缺乏“人才”，但这些“人才”只是学了一些新名词，并把自己的思维教条化。他们并没有真正理解概念背后的意义是什么，也不知道概念系统中包含的逻辑结构，更没有在实践中获取对概念、逻辑的感悟。

有一些人尽管受教育水平不高，但非常有见识，善于独立思考，具有深思的习惯。笔者在咨询和培训中，也曾遇到一些企业的管理者，虽然只有中学、小学文化程度，但在谈到企业管理、社会现象时具有惊人的洞察力，他们表述自己的观点时思路清晰，逻辑推理层层深入，他们显然不是那些感情用事的管理者，更不会仅凭经验决策。

二、缺乏思维能力的企业

有些企业管理者只关注企业中有形的事物，如先进的技术和设备、一流的管理制度、高级研发中心、优秀人才等，却从来不去思考支撑着这些技术、设备、制度、研发、人才的基础是什么？

企业核心技术的缺乏，本质上是创造力的缺乏，而创造力的缺乏，根本原因是思维能力的缺乏。无论是技术创新还是制度创新，思维能力都是其源泉。

在企业中，只有大家共同拥有良好的思维能力，才容易达成共识，形成统一的思想，制度的形成和执行才有坚实的基础。

三、企业管理需要什么样的思维

在各种各样的企业管理思维方式中，最基本、最重要的有两个，即质疑性思维和程序化思维。

（一）质疑性思维

质疑性思维强调打破一切既有知识和现状并始于质疑和追问，通俗地讲，就是不断问“为什么”。我们把这种习惯于用“为什么”溯本求源的思维方式称作质疑性思维。

日本企业管理大师大前研一认为，不断地询问“为什么”是创业成功的第一步。因为只有这样，才能突破内心固有的观念和偏见，产生独到的见解，从而采取创造性行为。

企业的创新，取自每一位员工的日常“发现”和“发明”，如果没有质疑性思维，就不可能发现问题，更谈不上解决问题、有所创新了。

（二）程序化思维

有人会说，如果每名员工都对企业的规章制度、生产工艺、工作方法等进行质疑，还要不要规矩了？企业不就混乱了？

的确如此。在质疑性思维的基础上，企业还需要程序化思维。程序化思维就是让企业员工在思考问题时，按照一定的流程来思考，即思维的流程化，具体又可分为决策思维流程化和任务思维流程化。

1. 决策思维流程化

可按照以下四个步骤对决策思维进行分解：

第一步，是什么。无论进行何种决策，首先要把问题弄清楚，而且要确保参与决策的每一个人对问题的理解是一致的。

第二步，为什么。寻找产生问题的原因，团队成员可以通过头脑风暴共同分析问题的根源。

第三步，怎么办。找到产生问题的原因后，明确解决问题的办法，可以提出多种方案。

第四步，结果如何。对执行方案可能产生的结果以及需要达到的标准进行预测和设定。

上述四个步骤看似简单，却是企业决策的最有效工具，不仅可以促使参与决策的成员达成共识，而且可以提高决策效率。

2. 任务思维流程化

同样可以划分为以下四个步骤：

第一步，做什么。对任务进行描述，清晰地列出具体要做的事项。

第二步，由谁来做。明确任务的负责部门、负责人以及具体的执行者。

第三步，什么时候做。规定完成任务的时间。

第四步，做到什么程度。制定任务完成后的质量衡量标准。

任务思维四步法看似简单，却能解决企业管理中的许多问题，包括：①任务界定不清楚；②任务责任人不明确导致的相互推诿；③执行过程中缺乏速度和效率；④缺乏任务完成质量的评价标准。

企业之所以产生上述问题，不是因为在任务执行过程中出现了问题，而是在任务布置之前没有说清楚，大家在思想上没有达成共识。因此，任务思维四步法不是要介入任务的执行过程，而是在任务布置和执行前，促使上下级、各部门、同事之间在对任务的认识上达成一致，确保在执行任务的过程中相互配合、协同高效。

四、质疑性思维和程序化思维的平衡

质疑性思维和程序化思维是相互冲突和矛盾的。质疑性思维追求独立、个性和差异化，是企业创新精神的来源，可以突破陈规和现有知识，获得创造力。质疑性思维也是对企业管理中的程序、规则、制度等现状的挑战，即对程序化思维的挑战。程序化思维正好相反，它建立程序、规则、制度，而且要求企业员工必须按照规定的流程进行思考和行动，从而提升团队工作的效率和质量，所以它是对质疑性思维的限制。两种思维可以在企业中同时存在，并且各自发挥作用，关键在于企业管理者要把握好两者的平衡，如图 1–6 所示。

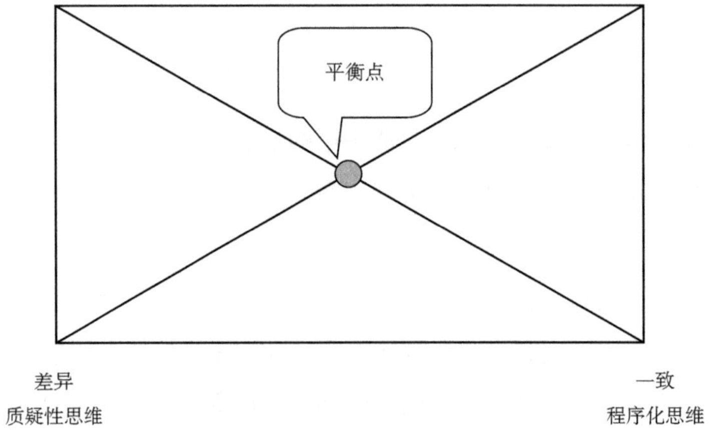

图 1–6　两种思维的平衡

那么，企业管理者如何既能维护程序化思维下的工作效率，又能鼓励员工不断质疑，提高企业的创造力并培育创新精神呢？

首先，企业管理者应清晰识别程序化思维与质疑性思维，同时培养员工具备这两种思维习惯。

其次，在遵循程序化思维的过程中，永远要允许员工质疑，让他们畅所欲言。尊重员工的想法，并在工作中对他们有一定的授权，让他们通过自己的思考解决问题。

再次，在企业中保留一定的“异端”分子，这些人有个性、喜欢质疑、善于独立思考、创造力强，让他们与那些侧重程序化思维的人保持良性冲突。

最后，企业管理者本人也要养成不断追问的习惯，直至突破自身现有的知识水平，时常有新的发现。

五、两种思维方式的训练

促使人们改变思维方式是极其困难的事，阻力之一便是企业管理者过于注重解决日常问题，而没有时间去督促员工自觉地训练自己的思维。

驱导管理模式下对思维方式的训练，主要围绕企业最需要的两种思维——质疑性思维和程序化思维展开。

（一）对质疑性思维的训练

培养员工形成良好的追问习惯，让员工有所“发现”和“发明”，这样管理中的深层问题才能被及时发现。同时，要鼓励员工提出解决问题的办法，提高员工的创造力。

（二）对程序化思维的训练

通过决策思维四步法，企业管理者和员工可在大脑风暴和群策群力中达成共识，激发集体的智慧；利用任务思维四步法，企业可提高工作效率，提升个人业绩，建立良好的企业制度。

对上述两种思维及其在企业管理中的具体形式、作用进行归纳和对比，如表 1–1 所示。

表 1–1　两种思维的对比

思维方式	具体形式	作用
质疑性思维	追问“为什么”	发现、发明、创造
程序化思维	决策思维四步法 任务思维四步法	达成共识 提高工作效率

企业若想成为世界一流企业，首先要拥有一流的思维，而这一切必须从训练员工最基本的思维方式开始。

第五节　愿望的坚持，需要意志的磨炼

IBM 创始人老沃森对自己的评价是“惊人的远见，不屈的意志，坚定的决心”。毫无疑问，一流的企业是强者的集合。某些管理专家认为，员工的意志力不是训练出来的，而是在逆境中磨炼出来的。意志磨炼的最高目标，就是把企业管理者和员工培养成勇于面对变化的人。那么，企业应该如何帮助员工磨炼意志呢?

意志训练项目包括自信、注意力、坚韧性、凝聚力与爆发力。

一、自信

自信是一种选择，古罗马最伟大的诗人维吉尔说：“他们行是因为他们认为自己行。”当企业员工处于压力之下，如果其自身有强大的意志力，在遭遇工作的挫折时就能够很快地从失败中站起来，而这些都是自信的特征。员工自信与表现的关系如表 1–2 所示。

表 1–2　员工自信与表现的关系

层面	员工自信的表现	员工不自信的表现
生活	规律、平衡、清晰	混乱、放纵、迷茫
身体	精力旺盛	疲惫懒怠
能力	积极彰显	被动接受
心理	持续、稳定	反复、波动
情绪	快乐、兴奋	焦虑、沮丧

企业管理者必须有意识地训练员工，让员工在面对生活、工作时更加自信。可以从以下几个方面做起：

· 尊重员工，鼓励他们表达自己的想法，积极尝试。

· 为员工设定合理且具有一定挑战性的目标，给予支持帮助其实现目标，让员工体验成功。

· 建立积极、肯定的对话模式，给予员工鼓励、肯定以及真诚的赞扬。

· 关心员工的生活，帮助他们获取家人、朋友、同事的理解和支持。

二、注意力

意志坚强的员工，为了完成工作的任务和目标，在注意力的集中度和强度上表现卓越。倘若员工的注意力涣散，精力就不易集中，身体能量就不能聚集和有效释放，工作效率低下。对员工注意力的集中度和强度进行训练，取决于以下几个方面。

1. 员工角色定位和角色认知的清晰程度

员工对自己工作角色的定位和认知越清晰，越能够在工作中投入更多的精力。

企业管理者应该定期在企业内部开展员工对自身角色定位和职责认识的回顾活动，帮助员工找到自身能力与角色定位的差距，确立下一个阶段围绕角色定位的工作重点和改善措施。这有利于强化员工对自己角色的认知，从而提高员工对工作的注意力。

2. 员工的时间管理能力

培养员工制定工作计划以及明确工作任务的优先级，避免次要问题的干扰，达到自己的工作目标。

3. 唤醒和控制机制的建立

员工在实际工作中不可能时刻保持注意力的高度集中，否则会导致精神过分紧张，因此在工作的节奏安排上应该有张有弛。企业管理者必须有一套对员工注意力进行唤醒和控制的机制，如上班前齐呼企业的口号、下午开始工作时播放励志音乐、在办公区布置展板、项目小组启动任务前举办誓师大会等，都是非常好的办法，可以迅速唤醒员工的注意力，一旦企业需要开展攻坚战，总能立即使每名员工激情飞扬、充满斗志。

4. 注意力转换区的建立

为员工建立注意力转换区，如举办晨会、部门周期总结会、建立休息区域等，可以帮助员工适时地将注意力从工作中转移，减少工作时的分心状态，掌握好紧张和松弛之间的平衡。

三、坚韧性

企业优秀员工的成长，必将经历各种富有挑战性的困难，员工必须能够忍受批评、挫折、失败、恐惧、压力，甚至因旁人的不理解而产生的流言蜚语。做到内心坚韧，需要员工和企业管理者共同努力。培养员工的坚韧性，可以采取下列四个步骤。

（1）通过回顾过去的成功、在取得进步时肯定自己、遇到困难时积极面对等，暗示自己是个强者。

（2）激发和保持员工的工作动机。家庭的鼓励、团队的积极氛围、管理者的激励、身边榜样的力量，都是激发和保持员工动机的基础。

（3）培养员工具备以企业信仰为核心的职业精神。员工意志的坚韧性，需要企业的信仰体系为其提供内在支撑。

（4）培养员工的自我控制能力。自我控制能力是训练员工意志的坚韧性中最难的任务，它需要员工具有节制的能力和自我牺牲精神。

对员工自我控制能力的培养取决于其在关键时刻对行为的克制，如表 1–3 所示。

表 1–3　员工在关键时刻的行为表现

关键时刻	有自制力的表现	失去自制力的表现
遭受挫折	情绪稳定、行为协调	情绪低落、行为失衡
牺牲个人利益成就团队	坦然、克服	抱怨、逃避
他人犯错误	冷静、包容、建议	批判、斥责、愤怒
集中攻坚战	舍弃其他诱惑	三心二意、沉溺爱好
失败	接受但并不屈服、反思	消沉、责怪别人
被批评	沉着、虚心、对话	淡漠、争辩、激动
被表扬	沉稳、客观	得意忘形、居功自傲
对兴趣、爱好的选择	自律、适度	放纵、痴迷

在企业培养员工坚韧意志的过程中，我们要有意识地在“关键时刻”强化员工对自我控制能力的培养。

四、凝聚力与爆发力

个人意志力并不等于团队的意志力，团队的意志力体现在团队意志的集中度和强度上，也就是凝聚力和爆发力。

迈克尔·乔丹首次加盟芝加哥公牛队时，他出色的篮球天赋以及他对进球的渴望，虽使他的个人表现称得上出类拔萃，但也使其他队员的动机和地位下降，球队开始失去凝聚力，同时也开始输球。

经验丰富的教练员泰克斯·温特的一番话，使这一问题得到了解决。他对乔丹说："你是一名优秀的运动员，但不是一名伟大的球员。"乔丹感到不解，温特解释说："在集体项目中，只有能够使队友表现出色的球员，才能称得上伟大。"这之后，在乔丹的积极调整下队员们重新团结在一起，使球队多次荣获总冠军。

想要培养团队的凝聚力和爆发力，首先必须克服企业组织中"胜利者—失败者"的心理困境，即管理者提出创意，员工追随；管理者是胜利者，员工永远是失败者。这取决于企业管理者自身角色的转变。他们应该从传统的管理者行为模式——命令、监督、奖惩，转向现代管理者的行为模式——策划、教练、激励，成为企业员工冲锋陷阵的谋划者、指导者、鼓励者，而不是施展个人英雄主义，扼杀团队的力量。

第二章 能力驱动

如果你的企业存在以下情况，就是能力驱动不足的表现。

· 想做的事，经过几次努力，依然没有做成。

· 大家都在尽力工作，但实际成效不大。

· 管理者接二连三地犯错误，越来越力不从心，有一种“玩不转”的感觉。

· 在技术和管理上一直沿用 3 年前的做法，面对市场变化时反应滞后。

· 有非常好的设想、详细可行的业务计划，却不能很好地执行或在执行时出现问题。

· 大家自我感觉良好、信心十足，却遭遇了失败。

· 客户反复抱怨，却不能得到有效解决。

第一节　能力驱动的基本模型

一、企业员工能力的进化

对于企业而言，当然是以结果论英雄，个人或团队如果把企业的任务和目标完成了，就叫有能力，完不成就不能叫有能力。然而实际困难在于，企业管理者把企业任务、目标赋予个人或团队时，往往并不知道他们到底有没有能力，因为实际结果还没有产生。那么，企业管理者如何判断他们是否有能力呢？

首先，我们可以看看这些人是否具备完成任务所需的专业知识。有知识未必说明有能力，但没有知识的人在大多数情况下肯定没有能力，知识是构成能力的充分条件而不是必要条件。

其次，我们可以看看这些人以前是否做过类似的工作，即是否有相关工作经验，而且最好是成功的经验。然而，经验只能代表某个人过去具备这种能力，并不能代表他现在的能力，因为随着环境的变化，在以前环境下解决问题的能力会快速过时。

面对环境的变化，过去有能力的人和没有能力的人，都将面临同样的新挑战，他们都需要能力的进化。如何进行能力进化呢？大致可分为以下 2 步：

· 通过学习获取新知识。

· 通过训练和尝试将新知识转化为能力。

一个出色的跳水运动员，他的跳水能力的形成，需要教练员给他讲解有关跳水的理论知识。然而，即使这位运动员理论知识再丰富，也不能保证他的跳水姿势完美，成绩突出。因为当他站在十米跳台上开始做动作时，指导他的不是理论知识，而是感觉，即“肌肉记忆”，而这些只有通过训练才能获得。

同样，企业员工完成任务不仅需要理论指导，同样离不开长期的训练。真正出色的员工是培训出来的。

企业员工能力的进化过程如图 2–1 所示。

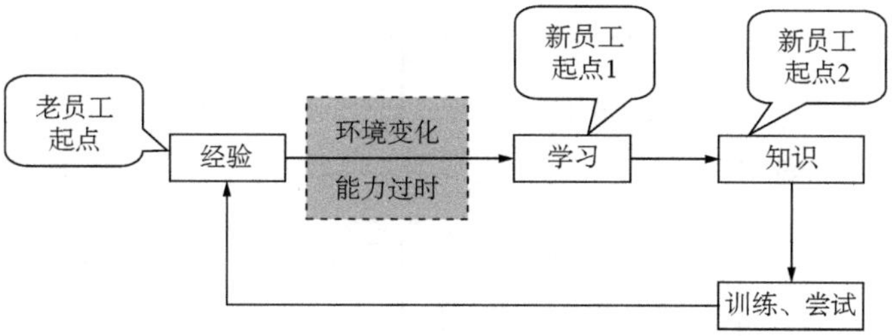

图 2–1 企业员工能力的进化过程

对于经验丰富的老员工，环境的变化导致其能力过时，需要通过学习获取新知识，但新知识不等于能力，他要经过训练和尝试，最终得出在新环境下的新经验，完成一次能力的进化，而不断的能力循环才能造就他能力的持续进化。

对于新员工，他可能在进入企业前，根本就没有这方面的知识，因此需要通过学习获取这方面的知识；他也可能已经具有这方面的知识，但是没有经验，需要在长期的训练中不断尝试，才能使他成为一名具有能力和经验的老员工。当然，随着环境的变化他的能力也会过时，从而进入新一轮的学习、训练和尝试。

个人和企业的发展离不开这种能力进化的循环。然而，我们大多数企业和企业管理者，经常陷入"能力陷阱"，习惯用已经过时的能力来应对变化的环境，收效甚微。

二、能力陷阱

对于企业来说，过去的经验既是企业未来发展的资本，又是前进的障碍。

企业员工在面对新环境下的新任务和目标时，他们既无知也无能，处于图 2–2 中的阶段 1。他们通过学习理论知识，到达阶段 2——在理论上知道如何做，但缺乏实际操作，即"有知无能"。然后经过尝试、训练，达到阶段 3——既有知识也有能力，成为知能流畅的工作者。随着工作时间的推移，这些知识和技能逐渐熟练，甚至转变成习惯，此刻便来到阶段 4，即"熟练的无知"。当环境不断变化，我们却仍然遵循习惯工作时，实际上已经迈入阶段 5，即"熟练的无能"。处于此阶段的员工尽管其能力已经过时，但自身并未察觉，还是依据过去的经验工作，并且认为自己非常有能力，陷入能力陷阱。

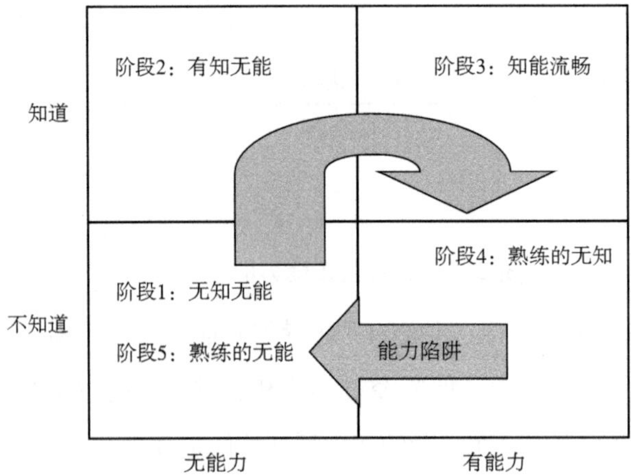

图 2–2　能力方框

能力陷阱的产生，其外部原因是环境的变化，内部原因是我们的思维惯性和行为惯性。那么，如何打破我们的思维惯性和行为惯性呢？

突破思维惯性，需要借助于上一章讲到的质疑性思维。例如，环境是否改变了？以前习惯用的思维方式是否还合适？

三、企业竞争能力的层级

企业的竞争能力可以表现在不同的层面上，如图 2–3 所示。

相对竞争能力是指，某家企业在价格、服务、推销、广告等方面具备超越直接竞争对手[①]的强项。

核心竞争能力是指，为企业的比较竞争优势提供保障、支撑企业在行业内取得成功的关键因素。例如，戴尔计算机的比较竞争优势是价格便宜，而支撑这一比较竞争优势的，是其构建了订购、采购、组装、配送、服务等一体化、快捷高效的供应链，使得竞争对手在短时间内难以模仿。

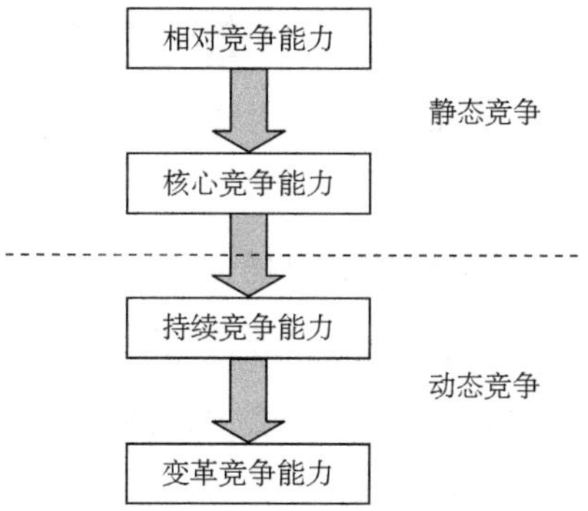

图 2–3 企业竞争能力的层级

核心竞争能力是企业长期努力的结果。企业一旦建立了自己的核心竞争能力，竞争对手要赶上和超越自己，同样需要付出长期的努力。例如，韩国三星电子与索尼对标、向其学习，终于在数码、通信产品等领域实现了赶超。环境和技术的迅速变化，导致企业的核心竞争能力过时，如数字技术导致模拟信号电视机和感光照相机失去了市场竞争优势。因此，企业需要持续竞争能力。

如果说企业的相对竞争能力和核心竞争能力只是企业之间的静态竞争，那么持续竞争能力则是企业之间的动态竞争。为了获取持续竞争能力，企业可不必追求一时的得失和成败，而是在设定自身的发展目标后集中资源，持之以恒地促进企业能力动态进化和不断升级，从而保持其领先地位。

企业能否具有持续竞争能力，取决于其能力能否被竞争对手复制，更取决于企业的学习能力。

① 指提供同类商品和服务，在同一区域争夺同一客户群体的企业。

尽管具有持续竞争能力的企业可以在某些领域内维持较长时间的战略竞争优势，然而市场环境的变化以及企业自身的能力陷阱，同样可使其持续竞争能力受到冲击，因此企业需要具备把握变化的能力，即变革竞争能力。

如今，竞争对企业能力的要求已然到达一个新的层面和标准。从相对竞争能力到核心竞争能力，再到持续竞争能力，最后到变革竞争能力，是一个不断升级进化的过程。

第二节　相对竞争能力

相对竞争能力是企业较易被识别的、短期的竞争能力，也是在市场上能够立竿见影地发挥竞争效用的能力。企业的其他竞争能力——核心竞争能力、持续竞争能力、变革竞争能力，都是基于相对竞争能力才得以体现。因此，对企业竞争能力的分析，应该从分析企业的相对竞争能力开始。

一、相对竞争能力分析

相对竞争能力分析的步骤如图 2-4 所示。

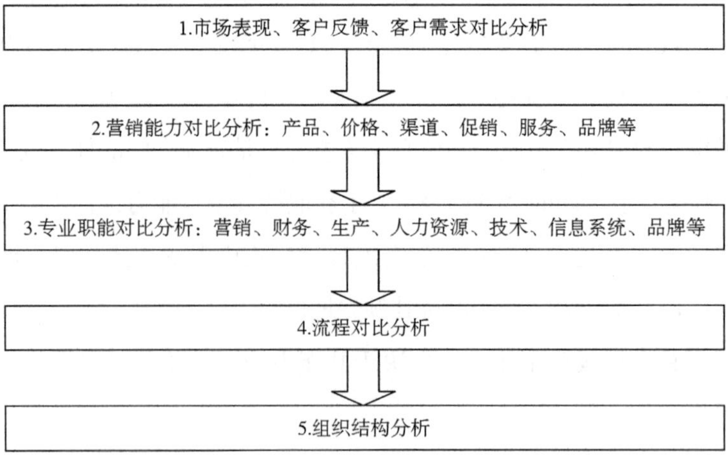

图 2-4　相对竞争能力分析的步骤

具体分析如下：

（一）市场表现、客户反馈、客户需求对比分析

市场表现是指企业和直接竞争对手在市场竞争上呈现出来的态势，主要指标包括整体和区域的市场占有率、市场增长率。

可建立表格进行对比分析，如表 2–1、表 2–2 所示。

表 2–1 整体市场表现对比分析

年份		2020	2021	2022	2023	2024
整体市场占有率	本企业					
	竞争者 1					
	竞争者 2					
	竞争者 3					
整体市场增长率	本企业					
	竞争者 1					
	竞争者 2					
	竞争者 3					

表 2–2 区域市场表现对比分析

年份		2020	2021	2022	2023	2024
区域市场占有率	本企业					
	竞争者 1					
	竞争者 2					
	竞争者 3					
区域市场增长率	本企业					
	竞争者 1					
	竞争者 2					
	竞争者 3					

仅有这些企业在整体和区域的市场表现是不够的，产生这些结果的根本原因是客户的感受。

因此，我们首先需要在将客户进行分类的基础上进行客户反馈对比分析，如图 2–5 和表 2–3 所示。

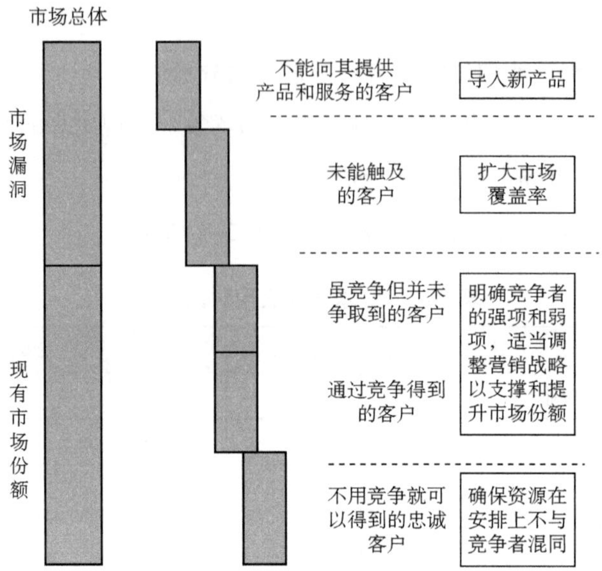

图 2–5　市场竞争中的客户类型

表 2–3　客户反馈对比分析

客户类型	客户反馈	原因分析
不用竞争就可以得到的忠诚客户		
通过竞争得到的客户		
虽竞争但并未争取到的客户		
未能触及的客户		
不能向其提供产品和服务的客户		

其次，针对现有客户（包括竞争对手的客户）需求因素，对比本企业与竞争对手之间的差异，如表 2–4 所示。

表 2–4　客户需求对比分析

客户需求因素	本企业	竞争者 1	竞争者 2	竞争者 3
质量				
独特性				
低价				
产品线				
产品服务				
可靠性				

续表

客户需求因素	本企业	竞争者 1	竞争者 2	竞争者 3
送货				
地理位置				
可获得性				
……				

本企业与竞争对手在市场表现和客户反馈方面的差异，一定程度上取决于企业营销能力的强弱。因此，接下来我们可以根据这些差异，进一步分析本企业和竞争对手的营销能力。

（二）营销能力对比分析

按照不同的营销因素分别进行比较，确认本企业和竞争对手的营销因素强项与弱项，如表 2–5 所示。

表 2–5　营销能力对比分析

营销因素	本企业强 / 弱项	竞争者 1	竞争者 2	竞争者 3
产品				
价格				
渠道				
促销				
服务				
品牌				
……				
本企业的强 / 弱项：				

（三）专业职能对比分析

针对在营销能力方面表现的差异，可以深入企业的职能层面，进一步寻找本企业的强项和弱项，如表 2–6 所示。

表 2–6　专业职能对比分析

专业职能因素	本企业强 / 弱项	竞争者 1	竞争者 2	竞争者 3
营销				
财务				

续表

专业职能因素	本企业强 / 弱项	竞争者 1	竞争者 2	竞争者 3
生产				
人力资源				
技术				
信息系统				
品牌				
……				
本企业需要解决哪些问题 / 提高哪些专业能力：				

即使找到本企业在专业职能上的强项和弱项，也不能代表企业最终在市场竞争中表现上乘，如果部门之间配合不好，即便具备一流的专业能力，也可能出现三流的表现和结果。因此，明确了本企业在专业职能层面的强项与弱项之后，我们还需要继续向下分析企业的横向流程。

（四）流程对比分析

流程对比分析可能仅涉及企业内部，如人员招聘、培训、考核流程等，有些流程对比分析则涉及供应商和经销商等企业外部资源。

显然，我们没有必要对企业的所有流程逐一进行对比分析，选取其中的关键流程并指明其存在的优势和劣势即可，如表 2–7 所示。

表 2–7　流程对比分析

关键流程	本企业优 / 劣势	竞争者 1	竞争者 2	竞争者 3
流程 1				
流程 2				
流程 3				
流程 4				
流程 5				
流程 6				
流程 7				
本企业需要提升哪些流程：				

（五）组织结构分析

企业在专业职能和横向流程层面所体现出来的组织能力，最终将反映在组织结构和个人能力的合理配置上。

我们可以从以下几个方面对企业的组织结构进行分析。

· 组织结构和人员分工是否合理？

· 组织授权和沟通是否清晰、流畅？

· 需要对组织结构进行哪些变革？

· 根据个人能力，需要对管理者做出哪些调整？

二、提高企业的相对竞争能力——知识学习和标杆学习

我们在相对竞争能力分析中明确了企业的能力差距，接下来要做的就是提高企业的相对竞争能力。能力的提高从学习开始，包括知识学习和标杆学习。

知识学习的主要途径是培训，企业可以根据相对竞争能力分析报告，得出本企业需要提升的方面，列出清单，并根据清单确定培训的参加者、主题、目标、方式和时间，如表 2–8 所示。

表 2–8　企业知识学习——培训需求计划

能力清单	参加者	主题	目标	方式	时间
1					
2					
3					
4					
5					
6					
总结：					

与知识学习相比，标杆学习不仅针对性强，而且易将理论概念转化为员工的实际能力。标杆学习是系统的、连续的学习以及反复试验的过程，其目的在于找到可持续改进本企业流程的方法，而非对学习对象的完全复制。

标杆学习分为 5 个层次。

1. 产品标杆学习

即通过对竞争者的产品进行研究，采取逆向工程的方法，对本企业的产品、工艺、技术等进行改进。

2. 以本行业的直接竞争对手为标杆开展学习

即把本企业的关键流程与竞争者的流程进行对比，通过有目的地学习和试验，优化本企业的流程。

3. 以没有竞争关系的企业为标杆开展学习

流程往往是通用的，因此即便是没有竞争关系的企业，也可以从中学到很多值得借鉴的东西。

4. 战略性标杆学习

即企业通过组建战略联盟相互学习，交换信息，达到共同提高的目的。

5. 企业内部标杆学习

即在企业内部树立学习的标杆（部门或员工），强化企业内部知识传播，提高企业整体绩效。

标杆学习已经成为企业提高自身能力的日常工具，企业管理者可通过总结制定并开展本企业的标杆学习实施计划，如表 2–9 所示。

表 2–9　企业标杆学习实施计划

标杆项目	重点内容	标杆对象	目标	方式	时间
1					
2					
3					
4					
5					
6					
总结：					

由于企业之间存在规模、实力的差异，企业需要根据自身的实际情况和发展阶段，选择最适合自己的学习标杆。

相对竞争能力只能在短期内解决企业的部分问题。提升企业长期竞争能力，需要企业在核心竞争能力和持续竞争能力上不断进化。

第三节 核心竞争能力

一、什么是核心竞争能力

与相对竞争能力相比，核心竞争能力是企业为取得行业成功所需要的能力，它是企业奠定自己战略竞争优势地位并获取长期利润的保证。

我们可以从两个维度来定义核心竞争能力：一个维度是客户，即不管一家企业的核心竞争能力是什么，它一定要能够给客户带来价值。如果某家生产高档服装的企业其客户最看重的是服装款式和时尚设计，那么具有降低成本的能力就不能成为该企业的核心竞争能力，而是相对竞争能力。另一个维度是竞争者。核心竞争能力一定是超越竞争对手的能力，是企业经过长期努力、持续探索才具备的能力。核心竞争能力构成企业的战略竞争优势，使之在短期内无法被竞争对手赶上和超越。

伦敦商学院的加里·哈梅尔教授认为，企业的核心竞争能力，主要包括以下三类：

（1）市场进入方面的竞争能力——品牌管理、营销、物流、技术服务支持等，是有助于企业拉近与客户的距离的能力，如宝洁公司的品牌管理能力。

（2）与精益求精有关的竞争能力——质量管理、运作周期管理、准时制库存管理等，是比竞争对手更快、更灵活或者具有更高可靠性的能力，如丰田的精益制造技术。

（3）与职能性相关的竞争能力——使企业能够提供具有独特功能的产品或服务，为客户带来独特的效益，如研发能力、成本管理能力等。

不同的企业可以根据自身的特点，确定核心竞争能力的组合。

二、在行业内取得成功的关键因素

企业竞争通常表现为行业竞争，行业标准规范、技术特征、产业链、客户需求特点等构成竞争的约束条件。这些约束条件形成了一家企业在该行业内取得成功的关键因素。任何企业若想长久地在某个行业中立足、发展，就必须在这些关键因素上形成自己的竞争优势。从行业角度看，这种竞争优势就是企业的核心竞争能力。

娃哈哈是一家在饮料行业具有核心竞争能力的企业。为什么娃哈哈能够成功呢？因为娃哈哈创始人宗庆后的作战模式与饮料行业内取得成功的关键因素是一致的。

消费者对饮料的需求属于冲动性购买，也就是说，消费者在口渴时希望立即买到一瓶饮料，即购买的便利性，因而饮料的铺货率一定要很高。所以，饮料行业内取得成功的第一个关键因素是铺货率和完善的销售网络。

在娃哈哈的战略中，第一招就是采取“联销体”，建立遍布全国城乡的销售网络。在与可口可乐的竞争中宗庆后曾说:“我有联销体，怕可口可乐什么！”

一般而言，购买频率越高的产品，消费者对价格的敏感度越高。因此，饮料的价格不能定得太高，而若想维持低定价，就需要把成本降下来，这又要求饮料企业必须达到一定的规模，而且灌装工厂离市场终端不能太远。这也是饮料行业内取得成功的第二个关键因素——规模和就近生产。

为了接近市场，娃哈哈实施“销地产”战略——在全国各地建立了50多个水厂，几乎实现全部产品本地化生产。2003年，娃哈哈饮料产量达370万吨，在世界饮料企业产量排名中位居第五。

饮料属于便利品，消费者在购买时，不会投入太多的精力和时间，基本上是凭着对品牌的熟悉度来选择的。饮料企业若想让消费者记住自己的品牌，就需要在短期内投入大量广告，并通过后续宣传让消费者保持对品牌的记忆。因此，广告和品牌熟悉度构成饮料行业内取得成功的第三个关键因素。

娃哈哈在市场开发上，为了尽快建立消费者对品牌的熟悉度，采取短期（1个月）集中投放广告的策略。同时，为了巩固消费者的品牌记忆，娃哈哈连续8年中标中央电视台《天气预报》后15秒的标版广告。广告代言人的明星效应以及朗朗上口的广告语，对建立、维持消费者对娃哈哈品牌的熟悉度十分有利。

企业在行业内取得成功的关键因素，是由行业中客户的需求与产品特性、技术工艺、生产成本、原料采购、市场结构等综合形成的。把握这些关键因素，并在其之上营造自身的核心竞争能力，才能确保企业的长期生存和发展。

如何识别企业在行业内取得成功的关键因素？主要是找到行业结构和内在逻辑。尽管战略管理者提出了许多方法，但对行业结构和内在逻辑的分析仍然离不开波特的五种力量模型，即对客户、内部竞争者、供应商、潜在进入者、替代者进行分析，在五个方面寻找成功的关键因素，如图2–6所示。

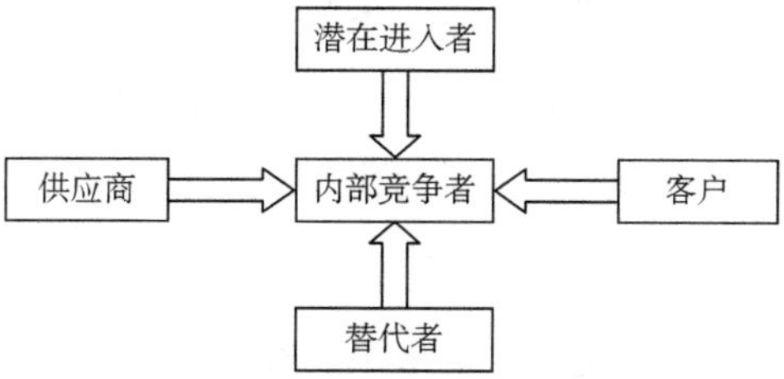

图2–6 行业结构和内在逻辑分析

企业在行业内取得成功的关键因素一般不会超过五个，它们构成企业在行业内生存和发展的门槛，如果企业在这些因素上没有建树，就无法在此行业内维持生存。企业管理者应该尽早识别这些门槛，明确管理的重点，集中力量营造企业在这些方面的核心竞争能力，从而建立起企业的战略控制点。

三、核心竞争能力的营造

营造企业的核心竞争能力，需遵循两个基本原则。

（1）集中资源。许多企业管理者在认清了成功的关键因素后，就会毫不犹豫地集中资源，全力打造自己的核心竞争能力。

（2）持续一贯。由于核心竞争能力的形成需要相当长的时间，所以企业管理者不仅需要长远的眼光，更需要在自己认定的目标上持之以恒地营造企业的核心竞争能力，才能最终使企业超越竞争对手。如今，市场竞争越来越激烈，企业任何使资源分散、反复变动决策的做法，都是营造企业核心竞争能力上的大敌。

第四节　持续竞争能力

企业的核心竞争能力受到两个方面的挑战，一是竞争对手的模仿和复制，二是行业的变迁。尽管竞争对手短期内无法触及企业的核心竞争能力，但是经过一段时间的努力，这种竞争能力会被其赶上甚至超越。每个行业都有自己的生命周期，随着技术升级和产业链上下游客户关系的变化，一些行业逐步衰落，另一些行业则会兴起。某些行业，如服装和食品行业，尽管不会衰落，但其市场表现等也会因消费需求、生产工艺的转变而和以前大不相同。企业通过在行业内取得成功的关键因素而积累的核心竞争能力，也可能因行业的变迁而迅速过时。因此，企业不仅要追求核心竞争能力，更重要的是获取持续竞争能力。只有持续竞争能力才能让企业永远走在竞争对手的前面，保持自身的战略竞争优势。

一、竞争对手无法复制的能力

企业持续竞争能力的首要特点，就是竞争对手无法对其复制，主要包括以下三个方面。

（一）企业的历史路径资源和能力

每个企业都有自己特殊的历史发展路径，从而形成自己独特的资源和能力。由多年历史沉淀而成的这些资源和能力难以被竞争对手复制，因为他们可以复制产品，但不能复制历史。一般而言，传统工艺、祖传秘方等同样属于历史路径资源，也是竞争对手难以复制的。

卡特彼勒在二战前是一家中型建筑设备制造公司，在激烈的竞争中艰难地生存。就在战争爆发前，美国国防部为了应对二战，需要一家全球性供应商为其提供重型建筑设备，以建设道路、机场、军事基地等。卡特彼勒赢得了这份合同，并在美国盟国的支持下，以较低的成本在世界范围内建立了重型建筑设备服务和供应网络。

二战后，卡特彼勒因为拥有全球性服务和供应网络，可以向客户保证在两天之内把其产品的任意部件送到世界的任何地方。借助于这一持续竞争能力，卡特彼勒成为当今世界上重型建筑设备领域的主导企业。

倘若一家企业想要复制卡特彼勒的这一全球性服务和供应体系，它就必须能得到同二战期间一样的政府支持，这显然是不可能的[①]。

企业在某个领域内经营的时间越长，积累的资源和能力越多，竞争对手就越难以复制。例如，宝洁公司在日用品领域、辉瑞制药在医药领域等，都具有持续竞争能力。

（二）无数个小决策

许多餐饮企业都想复制麦当劳的快餐模式却难以成功，为什么？秘密就在于麦当劳有无数个小决策。

例如，麦当劳的可乐里要加一定量的冰块。因为麦当劳的专家经过测试发现，加入冰块使可乐的温度降至6℃时，其饮用口感最好。

同样地，麦当劳的收银台为什么一定要对着大门？菜单为什么做成展板并挂在收银台的后面？门口为什么要放上“麦当劳大叔”？薯条必须含多少淀粉？炸鸡的油必须含多少脂肪才达标？清洁工拖地时应该采取什么样的姿势？麦当劳都有自己的小决策。这么多小决策被组合在一起并贯穿于整个经营过程，竞争对手怎么学？

企业拥有的小决策越多、组合起来越复杂，竞争对手就越难以模仿，因而构成了企业的持续竞争能力。

（三）社会性复杂资源和能力

社会性复杂资源和能力，如声誉、信用、友谊以及团队精神、工作风格等企业文化因素，这些是无法被竞争对手模仿和复制的。一家企业的员工虽然可以受

---

① 资料来源：http：//mt.sohu.com/20160816/n464426217.shtml。

这些文化因素的影响提高其工作绩效，但他在离职时却无法将它们带走。

惠普素来具有团队工作和部门协作的文化传统，惠普正是通过这一社会性质的能力，开展跨部门合作，提高了打印机、绘图仪、个人电脑、电子仪器等产品的兼容性，进而提升了其产品的市场价值。

如果一家企业产品的质量高是因为采购了某一设备制造商的机器，那么竞争对手完全可以在知晓该制造商后，用最短的时间采购、安装同样的机器设备来提高产品质量。然而，社会性质的复杂资源和能力属于非交易性资产，它们是无形的，既不能在市场上买到，也无法被复制。

二、培养企业的持续竞争能力

根据持续竞争能力的上述特点，管理者应致力于从以下三个方面培养企业的持续竞争能力。

（一）打造企业知识传授工程

人类社会进步，究其根源是对前人知识的继承和超越。企业持续发展成为一家“百年老店”，同样需要让新员工迅速习得企业积累的知识和经验。企业需要拥有自己的知识传授工程。包括：

1. 有关企业历史智慧的培训体系

希腊著名的历史学家希罗多德曾说，学习历史是要让我们得到两个东西：美德和智慧。历史犹如一驾马车，美德和智慧就是马车的两个轮子，驾着历史前进。

企业对员工进行企业历史教育，一方面，让员工继承创始人的创业精神，发扬他们的美德；另一方面，让员工从这些历史事例中吸取智慧、获取前进的动力。例如，编写企业的历史文化手册或案例集，就是非常有效的方法。

2. 建立企业内部导师制

尽管现代企业已经不再流行“学徒制”了，但许多企业中的隐性知识只有通过“传帮带”方可被传承。实际上，企业中每一位经验丰富的员工和管理者都有向后来者传授知识的责任，都是后来者的导师。

为了明确企业管理者的导师角色，企业可以颁布两项规定：一是任何被提拔为部门经理的人，必须给下属授课，确保作为管理者在企业中积累的知识和经验能够尽快传授至下一级员工；二是任何经理在获得晋升前，必须在自己的下属中找到能胜任自己工作的“接替者”，否则不能被提拔。如此一来可促使各级管理者积极充当导师，培养自己的下属。

3. 将隐性知识标准化，形成规范的操作流程

将隐性知识标准化，可以加快企业内部知识传授的速度。在麦当劳，尽管新员工并不知道快餐管理中的各种经验和诀窍，但是他们只要按照麦当劳设定的服务流程和操作标准进行工作就可以了，而且操作流程一旦规范化，就可以用其快速培训员工。

（二）发动员工的智慧，在细节上产生小决策

在企业管理各个环节中出现的问题都是产生小决策的契机。

解决问题并产生小决策，绝不是企业管理者的专利，只有企业的每一位员工都积极动脑思考，才能产生无穷无尽的创意和妙招。只有那些天天接触到问题的人，才最了解问题，也最能快捷地解决问题。关键在于，管理者如何发动员工积极主动地思考问题。一流的企业通常采取的办法有：

（1）群策群力。识别企业面临的管理问题，通过头脑风暴，大家一起想办法，产生决策。

（2）合理化建议。管理者定期与员工面谈或让员工写报告，令其对管理中的问题提出自己的解决办法。

（3）组建跨职能小组。以最快速度识别带有跨部门性质的企业问题，依托团队力量对其进行专业化处理。

企业管理者应该有意识地在企业中培养、组建解决各种问题的团队，给予它们明确的任务并授权，同时让员工逐步习惯这种解决问题的方式。这样才能在企业管理的各个方面，源源不断地产生有效的小决策。

（三）积累社会性复杂资源和能力

企业在外部形成的无形资产如商誉、社会关系等，就是企业的社会性复杂资源和能力，构成企业的持续竞争能力。

许多企业管理者，特别热心于对有形资产的投资，却不愿意在社会性复杂资源和能力上花钱，失去了营造企业持续竞争能力的一个有效手段。

1939年5月，世界博览会在美国纽约举办。在IBM的赞助下，展会的举办者把5月4日定为“IBM日”。在这一天，老沃森邀请了4000位客人进入IBM展厅参观，并在纽约的沃尔多夫－阿斯托利亚酒店举行盛大仪式和宴会。与此同时，老沃森还邀请了IBM的中层经理、销售人员、工厂工人及他们的配偶，近1万人参加，由IBM承担一切费用。公司还在纽约的报纸上刊登了整版广告。

“IBM日”共花费100万美元，而当时IBM的年利润也不过900万美元。时任伦敦《金融时报》记者的德鲁克在采访老沃森时问他这样做值不值得，老沃森说：“如果我把这笔钱花在报纸和收音机的广告上，可能会让1000个人知道IBM，但你知道有多少人参观我们的展厅吗？250万！①”

老沃森是一位为IBM积累社会性复杂资源和能力的高手，也许我们没有必要像老沃森那样把企业年利润的1/9投进一个活动，但那些能够在无形资产上进行大手笔投资的人，确实拥有远见卓识。

三、学习能力是企业保持持续竞争能力的秘诀

即便是竞争对手难以复制的持续竞争能力，在变化面前也会过时。

企业持续竞争能力的保持，其秘诀在于企业的学习能力。企业之间的竞争，从长远看既是持续竞争能力的竞争，也是学习能力的竞争。

企业获取学习能力的第一步，就是把企业组织由适应型组织转化为学习型组织，让企业在学习中提高学习能力。

企业可通过以下三个方面建立学习型组织。

1. 与客户建立学习型关系，开展学习活动

客户是企业最好的老师，企业生产的产品和提供的服务，都是为了满足客户的需求。因此，学会倾听客户的声音，观察客户的需求至关重要。在与客户建立学习型关系上，企业可以采取如下行动：

· 管理者定期拜访客户，与客户座谈。

· 客户满意度调查。

① 张烈生.IBM：蓝色基因，百年智慧［M］.北京：中国华侨出版社，2011：26.

· 成立企业客户委员会，邀请客户委员参与企业管理和产品设计。

· 建立客户回访制度，使客户信息得到及时反馈。

· 制定收集、分析、应对客户意见与投诉的流程。

2. 开展企业内部学习和知识共享活动

每位员工的背景和专业知识都是不一样的，只有互相学习，才能发挥各自所长，形成综合性知识体系。为了促进企业的内部学习，可以采取以下方式：

· 通过研讨会开展集体学习，如案例分析会、问题讨论会等。

· 通过经验交流会、岗位轮换等进行知识、经验的分享活动。

3. 定期向外部专家学习，组织实践即体验式学习

企业要有目的地组织员工向外部专家学习，也可以定期开展员工的社外学习活动。

企业的竞争归根结底是能力的竞争，而能力的竞争最终是学习能力的竞争。我们已经进入了一个比拼学习速度的时代，各位企业管理者，你们做好准备了吗？

第五节 变革竞争能力——训练、尝试、试验

卓越的企业在具备高超的学习能力的基础上，勤于实践，勇于探索，因为其懂得行为学习比知识学习更为重要。企业之间的竞争，不仅是学习能力的竞争，更是训练、尝试、试验能力，即变革竞争能力的竞争。

一、构建企业的训练模式

鸿海集团前董事郭台铭说：“训练是企业成长的基础。”开展训练是企业把工作程序、技巧传授给新员工的最好办法。

训练与一般学习的区别在于，训练强调“做中学”，其目的不仅是使我们的思想观念发生改变，更重要的是使行为发生改变。

如何构建企业的训练模式呢？主要包括以下三个阶段。

（一）反思

反思是对自己行为和工作水准的思考，找到自己的不足。在开展训练前，首先需要对新员工或者没有获得培训技能的员工开展训练前教育，对训练的内容和动作进行讲解，其目的是使受训对象在掌握这些概念和知识的基础上，对自己以往的行为和工作水准展开反思，找出自己在思想和行为上的不足。

（二）准备

训练前的主要准备工作是明确训练目标并制订改善计划。没有目标和计划的训练，不可能有成效，事后也无法对其评估。此外，在准备阶段确定评估的方法也很重要。

（三）实施训练

训练包括演示训练和实战训练。演示训练在导师的监督下进行，边演练边总结，实现行为的改善。实战训练，就是在实际工作中锻炼。在这一过程中，导师根据受训对象的表现，及时给予指导和反馈，帮助其在实际工作中保持状态、稳定发挥。

二、学会尝试

尝试不同于训练，它没有导师示范，也没有任何既有的成功经验作为参考，尝试是在探索中学习。一般来说，企业管理者可进行以下三个方面的尝试：

（1）知识应用尝试——掌握了一些管理知识，以企业中的某个部门为试点，进行尝试。

（2）方法应用尝试——针对企业中的问题想出了一套解决办法，以控制风险为目的测试其可行性。

（3）经验学习尝试——对自己想进入的领域一无所知，也没有任何人指导，所以只能在“干中学”。通过循序渐进、不断深入的尝试，逐步掌握这些未知领域的规律，快速积累经验。

多数企业面对问题时习惯于撰写大量的书面报告，不断整理问题，却不能解决问题。《追求卓越》的作者彼得斯和沃特曼发现，优秀企业的一个重要特质就是喜欢着手解决问题，以行动为导向进行尝试。那些热衷于分析、论证而不喜欢尝试的企业，往往因为害怕失败和缺乏行动力而裹足不前。

在企业管理的创新上，尝试是最好的方法。要在企业中形成一种允许尝试、鼓励尝试的风气和文化。

只要能在尝试中学到东西，即便失败也是“完美的失败”，因为它虽然未能告诉我们要做什么，但提示了我们不要做什么。

成功总是在不断试错的过程中产生的。正如彼得斯所说：“当你把‘去干、去弄、去试’作为行动格言时，结果定会不同凡响！”

三、通过实验进化

对于企业在技术、管理上的某些专业问题，必须尝试通过严密的设计、组织，以及对环境的控制来解决，这就是实验。实验是优秀企业进行学习的一种方法，也是企业创新的源泉。

人类科学的进步得益于一系列实验，企业能力的进化同样是实验的结果。

在通用公司，人们称实验为“秘密制造”。通用公司在工程塑料、飞机引擎上的世界领先技术，就是得益于“秘密制造”。IMB 更是钟情于“秘密制造”，他们甚至认为一个企业进行“秘密制造”的次数，可以衡量其发明和创造的水准。

伴随着生产技术的进步，面对越来越难以把握的消费者需求，实验成为企业有目的、有组织地积累知识、提升能力、制造新产品的最有效手段。

在《追求卓越》一书中，彼得斯将灵活性、行动性、频繁实验作为卓越企业的重要特征。其中，频繁实验是企业“正面循环”所不可缺少的步骤，如图 2–7 所示。

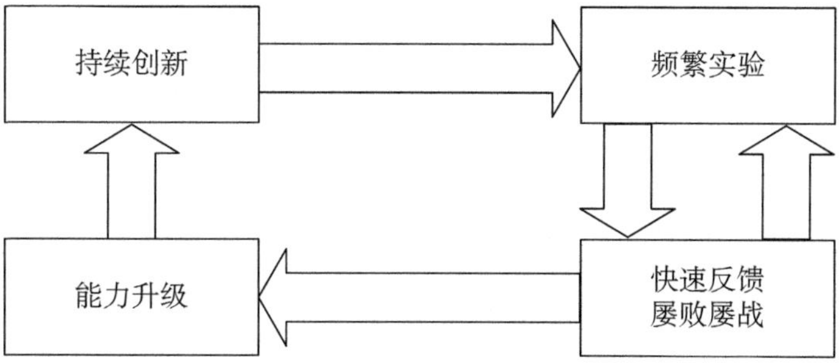

图 2–7 企业的“正面循环”

企业一旦失去了正面循环，所有的负面循环就会乘虚而入。那么，如何才能阻止“负面循环”的产生，令企业始终走在创新、发展的道路上呢？

（一）尽早实验，快速反馈

在实验项目中因为反馈速度慢，到了实验的后期才意识到失败，自然损失惨重。

（二）常做实验，将风险控制在企业能够承受的范围内

一些企业的问题不是不做实验，而是实验做得太少。为了提高效率和节约资金，企业常常减少实验次数和实验项目数量，只进行少量的测试，直到小问题变成大危机才反应过来，从而错失了机会。

企业在管理和技术上面临的问题是方方面面的，仅凭一时之功难以解决。唯有常做实验，在注意风险控制的同时，通过不断地做实验探索问题的根源，才能帮助企业寻找解决问题的有效方法。

（三）在实验中综合利用新技术和传统技术，提高实验绩效

新技术可以凭借其较快的速度和较低的成本，在与传统技术相结合时提高实验绩效。

当然，综合技术的应用需要不同技术的专家紧密合作、相互学习，进行充分的信息交流，从而达到对综合技术应用的最佳水平。

第三章 业务驱动

如果你的企业存在以下情况，反映了业务驱动的不足。

· 销售业绩和利润连年下降。

· 没有新的业务增长点。

· 企业现有的产品、服务对客户和经销商已经没有吸引力。

· 对于客户和经销商提出的要求、希望获得的产品与服务，企业在短期内无法实现。

· 企业正受到供应商提价、产品（服务）零售价格下跌的双重夹击。

第一节 业务驱动的基本模型

一、业务定位

业务是指企业向某些市场提供产品、服务的一系列活动过程。业务定位又被称为企业的市场定位，决定了企业的利润空间，关系到企业的盈利率和利润的持续性。

关于业务定位我们首先要回答的问题是，企业希望满足哪些客户的哪种类型的需求？

（一）客户群定位

我们认为业务定位，首先要考虑的是客户群定位，因为企业的竞争力都是相对于明确的客户群而言的，企业存在和发展依托于现有的客户群和利润水准。

某些企业不重视对客户群进行定位，也不定期对客户群定位进行重新评估，因而无法确定产品或服务的侧重点。一旦客户保持率下降或新产品投放不成功，企业就无法发现新的客户增长来源。

（二）确定核心业务

在企业的业务定位中，确定核心业务同样重要，因为核心业务确保了企业的利润增长。

在企业的成长过程中，核心业务的成功往往导致管理者降低对其的重视程度，使企业不能很好地挖掘核心业务的潜力。企业在业务定位上最容易犯的错误就是急于向自己不熟悉的领域扩展，过早脱离核心业务。其结果往往是新业务没有成功，原有核心业务的竞争优势也未能保住。

任何企业的成长，都应清晰界定核心业务范围，认清自己的竞争优势，处理好核心业务和相邻业务的关系。

二、客户价值驱动

客户价值是支撑业务盈利的基础，能否创造、传递、实现客户价值，是业务成功的关键。企业无论是业务定位，还是相邻业务扩张（详见本章第二节），都必须建立在对客户价值分析和识别的基础上。

图 3-1　客户价值驱动的良性循环

许多企业只热衷于开发新客户，不重视维护老客户，忽视了老客户的价值，造成业务成本不断上升。

还有一些企业虽然意识到维护老客户的重要性，却不知道如何去做。开发新客户主要看企业在产品和价格上的优势，维持老客户则更多地取决于企业的业务流程和服务，需要企业对客户价值进行管理（CVM）[①]，并且形成客户价值驱动的良性循环，如图 3-1 所示。

① 客户价值管理指企业识别客户需求，创造、设计、生产满足客户需求的产品和服务，从而使客户满意的过程。客户价值管理的过程，实质上是把企业的价值创造与客户需求对接的过程。包括：识别客户的需求，即客户价值识别；通过产品、服务等创造客户价值，即客户价值创造；把产品、服务的价值及其信息传递给客户，即客户价值传递；使客户真正获得这些价值，即客户价值实现。

优秀的企业在客户价值驱动的良性循环上每一个环节都做得很好。企业首先要重视客户，才能充分挖掘并真正理解客户的迫切需求，进而采取有效的措施去服务客户、满足客户。若企业因为在某一个环节上的不足，而未能做到环环相扣，那么将导致整个循环的解体。

造成上述问题的原因有三点，一是对“客户导向”的重要性认识不足，二是缺少对客户价值的识别能力，三是未能形成迅速满足客户期望的能力。

三、客户关系驱动

无论是业务定位，还是客户价值驱动，都需要企业建立与客户的良好关系。

企业可通过以下三个方面的工作来实现客户关系的驱动。

（一）客户连接技术和方式

关系首先是一种“联系”，如果企业与客户“连接”不上，或者在“连接”上存在问题，自然会对企业与客户的关系产生影响。

企业可以通过移动互联网技术建立自己的网站、App 和品牌社区，形成“私域流量”。这些客户连接新技术，不仅大大降低了企业建立客户关系的成本，而且提升了企业与客户之间的沟通效率，增强了企业对客户变化反应的敏捷性。

（二）客户知识管理

企业与客户建立关系以及关系的推进，取决于其对客户的了解，即客户知识的深度和广度。这就需要企业对客户知识建立一套科学的管理体制，即企业自己的客户关系和客户知识数据库，用以打通各个业务环节积累的不同维度的客户数据。目前数字营销软件可以解决这些问题，为企业的客户知识管理提供更低成本、便捷、高效的工具。

（三）维持客户关系的成本与收益分析

企业与客户建立、维持关系，需要付出成本。同时，企业维持客户关系的时间越长、投入越多，给企业带来的风险越大。因此，企业不能不考虑维持客户关系的长期收益和风险等财务问题。

按照不同客户对企业利润的贡献程度，对客户关系的维持进行精细化操作，能够使企业在与客户发展关系时变得更加精明，知道在哪些客户身上投入、如何投入。

四、业务突破

自波特竞争理论诞生以来，企业习惯于从身处的产业结构出发，试图在所处产业的内部构建自己的核心竞争能力。然而，蓝海战略的提出者金和莫博涅认为，随着产品过剩时代的到来，企业之间在既存的产业和已知市场空间下的竞争只会导致市场越来越拥挤，利润和增长的前景越发黯淡，竞争更加血腥。如果企业能够突破现有的产业边界，在现有市场空间之外开发新市场，创造新需求，改变既有的产业竞争规则，就会获得高利润和增长机会，形成蓝海战略。

蓝海战略的逻辑在于企业不要把精力放在打败竞争对手上，而是应着重于客户价值的创新，开创无人争夺的新市场空间，在摆脱竞争的同时实现低成本和差异化。

保持核心业务还是力争价值创新、寻求业务突破？这并不是一个理论问题，而是一个如何实践的问题。企业的发展和利润的持续性，既涉及对现存基本业务的加强、维持，又涉及如何开创新的业务，企业管理者需要在两者之间寻找平衡。

面对环境的变化和技术的革新，业务突破、价值创新，已经不再是原有业务衰退下的急救之策，而是企业应具备的日常模式。如今，业务改善和业务突破的界限逐渐模糊，业务的质变与量变的区分也越来越不明显，企业管理者必须时刻思考自己企业的业务突破模式，不断进行业务价值创新的实践，并把风险控制在一定的范围内，这也是现代企业必须具备的业务驱动手段之一。

五、业务创新与新增长

大多数企业在原有业务模式中很难实现创新与突破，根源在于企业受原有的思维观念、产品路线、组织架构、利益关系的束缚，通常沿着既有路线对产品进行改善。与此相反，一些新进入市场的企业由于没有这些束缚，往往能够从客户需求的底层开始，对业务进行从 0 到 1 的创新，实现从客户知识、客户关系、客户价值到客户体验的完全重塑，形成新的业务增长点。

2016年云鲸科技准备开发扫地机器人，此时市场已经有科沃斯、小米等用户熟知的品牌。按照一般规律，云鲸科技只能在两者基础上进行从1到100的产品和技术改进工作，但公司创始人决定从0到1做起。他们经过调研发现，许多消费者的痛点并没有被解决，还有更多的客户价值没有被挖掘和满足。当时市面上大部分扫地机器人用一块拖布拖全屋，清洁效果非常不好，还需要人工更换拖布，非常麻烦。因此他们重新定义了“扫地机器人”的概念，推出“自动清洗拖布的扫拖一体机器人”。不仅让消费者解放了双手（Hands-Free），更重要的是做到了“让心解放”（Mind-Free），把对产品创新的追求与达成用户的极致体验有效地结合了起来[①]。

客户体验驱动建立在客户价值驱动、客户关系驱动和客户知识驱动的基础上，是最高层级的业务驱动力，对企业进行业务创新，获取新的业务增长点而言必不可少。

塑造新的业务增长点还需要做好以下关键工作：

（1）通过审视企业现有业务面临的问题和挑战，洞察未来业务增长和创新的趋势。可以利用行业成熟度基准指标进行分析评估，也可以对标行业内的优秀企业，识别企业推进业务增长的关键因素，找到阻碍企业未来业务增长的深层次原因。

（2）规划企业未来业务增长的战略及其路径，包括探索原有业务模式的变革与转型，对现有客户的深度开发和对老客户的激活，以及对产品的升级迭代。

（3）建立实现业务驱动的团队与激励机制，制定具体战术方案和业务增长冲刺计划。

（4）启动市场试验并做到快速反馈、评估和调整，促进企业能力持续进化，同时推动业务强劲增长。

① 资料来源：https：//new.qq.com/rain/a/20221230A02P9I00。

第二节　业务扩张路线

一、业务范围界定

羽毛球运动员在发球前，首先要知道球场的界线在哪里，这是发好球的基础。同理，企业的业务扩张开始于对自身业务范围的界定。

对业务范围的界定不同，可能将完全改变企业的业务模式和运作方法。企业如果把自己的业务范围定义得比较窄，就会限制自身的发展，反之若一味追求业务扩张，把业务范围定义得太宽泛，则会导致企业资源投入分散，陷入过度扩张的困境。

在业务范围的界定上，企业管理者必须在两个关键点上明确思路。

（一）企业现有业务的范围是什么？

对业务范围的清晰认知，决定了企业在最近一段时间内"不做什么"。只有当企业管理者明确企业"不做什么"时，才不会犯下过度扩张的错误。

（二）企业未来业务扩张的路线是什么？

对业务扩张路线的认识，决定了企业未来"要做什么"。只有当企业管理者心中明确"要做什么"时，才能为企业确定未来业务发展的路线图，进而早做准备，积蓄力量，营造新的竞争力。

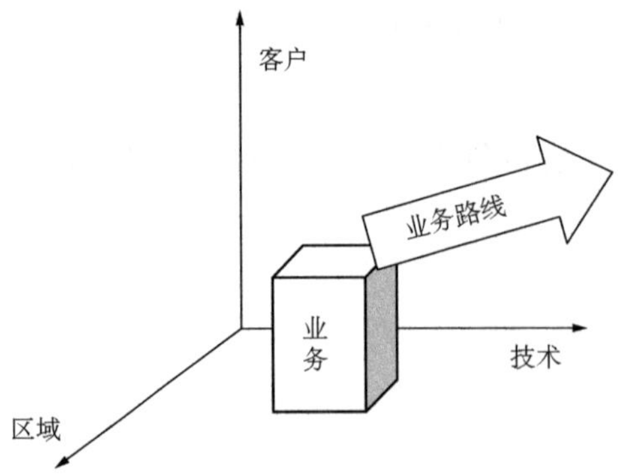

图 3-2　业务范围的界定

一般来说，业务范围的界定遵循三个维度，即客户、技术、区域（地理空间），如图 3-2 所示。

不同客户群体对同一企业的忠诚度不同，不同企业在满足客户需求上的技术优势也存在差别，并且在不同地理区域的影响力也是不一样的。如此一来，每家企业对业务范围的界定自然也是不同的。

二、核心业务的界定

企业在清楚自己的业务范围后，必须进一步界定核心业务。在市场竞争中，企业可以通过以下四个指标来界定核心业务。

（一）客户指标

该业务是否提供优质的服务和卓越的客户关系，并且形成一定的客户忠诚度？客户的转换成本是否很高？企业能否获取客户行为和需求的准确信息？是否能围绕新的客户细分经营模式，即有无核心客户？

（二）渠道指标

该业务渠道资源的独占性如何？与主要渠道经销商的合作关系如何？在渠道网络中是否有独立的控制点？

（三）产品或能力指标

该业务是否存在低成本生产的优势？产品性能是否优质或具有独特性？有无创新产品和专利？该业务在行业中的利润份额是否较高，即有无核心产品和核心能力？

（四）资本指标

企业在资本市场上能否体现较高的价值？是否有能力进行收购？是否拥有充足的资本与竞争对手抗衡？

三、相邻业务扩张

相邻业务扩张是指企业进入相关业务或行业领域。这种扩张存在两大优点：一是可以借助核心业务的能力，提高企业扩张新业务的成功率、降低风险；二是保护、增强企业核心业务的实力。

围绕相邻业务进行扩张，表面上是一种进攻战略，实际上也是防御战略。因为在自己的核心业务周围建立缓冲地带，可以阻止新进入者对企业核心业务的侵犯。

相邻业务扩张的方式主要有以下三种。

· 直接进入邻近的业务机会。

· 投资与核心业务相关的企业股份。

· 提高扩张核心业务边界的能力。

此外，企业在进行相邻业务扩张之前，绘制一张相邻业务图非常有必要——一方面，有助于企业寻找更多的相邻业务机会；另一方面，通过对不同相邻业务机会的权衡，帮助企业确定最佳的业务扩张路线。

通常，企业可以沿着六个方向进行相邻业务扩张，如图 3–3 所示。

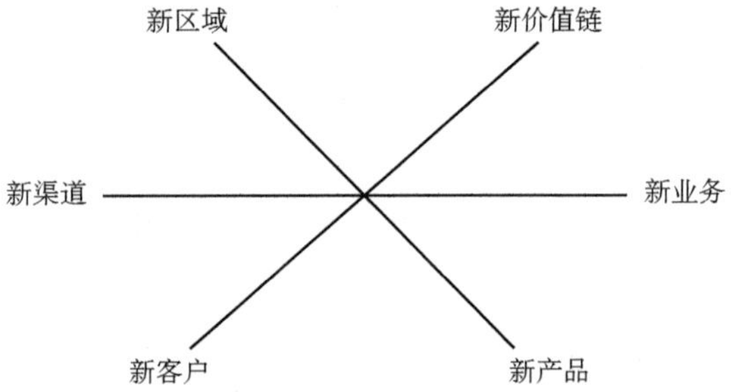

图 3–3　相邻业务扩张的六个方向

· 渠道的扩张，即企业在分销、网络、代理商等方面的扩张。

· 区域的扩张，即企业通过进入新的地理区域来扩大市场份额。

· 价值链的扩张，即企业通过前向一体化、后向一体化等整合整个产业价值链。

· 业务的扩张，即企业借助替代需求、新需求或者业务模式创新进行扩张。

· 产品的扩张，即企业通过开发相邻的新产品、升级产品、互补产品或提供支持性服务等进行扩张。

· 客户的扩张，即企业通过对现有客户的细分，明确可获得的新客户群体。

在列出上述相邻业务扩张的方向后，就可以对它们各自的风险和收益等进行评估，并通过定量和定性分析进行分级和排序。需要考虑的因素如下。

· 相邻业务机会的市场规模和增长率如何？

· 核心业务能够给相邻业务扩张带来怎样的优势？

· 现阶段的竞争程度如何？

· 相邻业务扩张对核心业务的意义是什么？

· 相邻业务扩张的前景如何？

· 企业是否已具备实行相邻业务扩张的能力？

除此之外，贝恩公司的克里斯 · 祖克和詹姆斯 · 艾伦认为，企业在进行相邻业务扩张时，需要注意以下六大误区：

（1）向竞争对手已经确立其地位的市场扩张。如果企业不能实行差异化竞争策略，那么即使采取创新的业务模式、营销方法，也难以取得成功。

（2）在向某个行业扩张时，高估了行业利润，无法使业务持续发展。

（3）企业在进行相邻业务扩张时边界过于宽泛，导致企业资源投入过度分散，更有可能造成与核心业务的错误捆绑。

（4）对相邻业务领域中新出现的竞争对手缺乏了解。企业需要对相邻业务领域中可能出现的竞争对手进行充分调研，对那些有可能进行相邻业务扩张的企业进行评估。

（5）忽视了围绕既有目标客户群体新出现的细分市场，给竞争对手的进入提供了机会。

（6）只追求向可提供高端产品的相邻业务扩张，导致低端市场被新的竞争对手攻入。

第四章

三个驱动力的协同与敏捷

愿望驱动是“喜欢做”，能力驱动是“能够做”，业务驱动是“做什么”。如果一个企业及其员工发自内心愿意做，时刻清楚地知道做什么，也有能力做好，那么企业持续发展的动力系统就很强劲了。问题是，这三个驱动力往往在企业成长过程中存在着不一致、不协调，甚至冲突的情况。

那么，应如何做到三个驱动力的协同与敏捷呢？

第一节　三个驱动力的协同——梯级设计

三个驱动力的协同应该随时间的推移呈梯级状态，如图 4–1 所示。

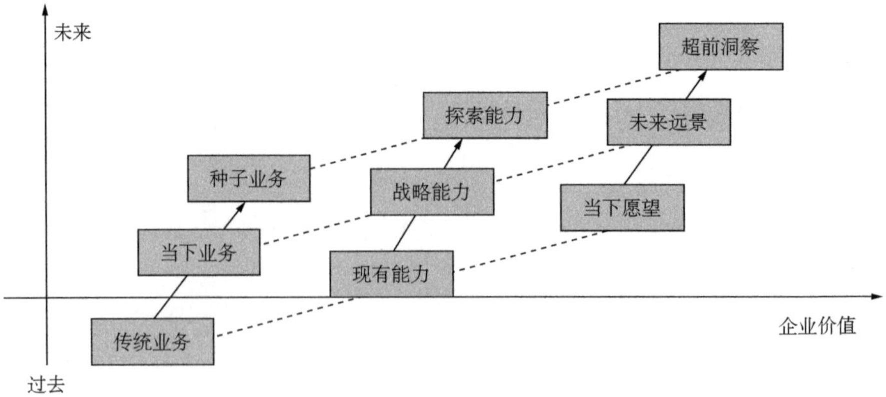

图 4–1　三个驱动力的梯级设计

由图 4–1 可知，企业的业务由三部分构成，即传统业务、当下业务和种子业务，而在能力除现有能力和面向未来的战略能力外，企业还必须具有探寻未知业务领域和勇于创新的探索能力。在愿望层面，企业当下愿望为现有能力和战略能力提供内在动力，但面向未来的探索能力其形成则需要有未来远景做支撑，而这需要企业管理者突破个人认知的局限，做到“超前洞察”。

第二节　提高三个驱动力的敏捷性

业务是短期的，能力是长期的，而企业愿望的塑造其变化和不确定性更甚于前两者。因此，驱动力敏捷性的提高主要取决于愿望驱动敏捷性的改善，而这与企业管理者的认知水平——学习敏锐度，以及保持创业激情——管理者的身份认同显著相关。

管理者的学习敏锐度，不仅是一种比其他人学习更快的能力，而且在面对环境变化时能够使其较快适应并迅速行动。学习敏锐度具体可以划分为心智敏锐度、人际敏锐度、变革敏锐度、结果敏锐度、自我认知敏锐度。

（1）心智敏锐度。来源于一种独特的心智方式。例如，用比别人更为宽广的眼光看待眼前的问题，所谓“站得高看得远”；冷静客观地面对不确定的形势；质疑惯常做法和通俗观念，喜欢尝试新方法；拥有丰富的想象力，在不同领域、概念之间建立全新的联系；在沟通上多提问，尤其是提出一些探寻式问题。

（2）人际敏锐度。表现在心胸开阔，以开放的态度对待他人；喜欢与各种各样的人交往，了解他人的独特优势、兴趣与不足；机警沟通，灵活应变，应对人际冲突时从容自如，乐于帮助他人。

（3）变革敏锐度。善于用新视角看旧问题；喜欢改变，不断探索新的方案和解决办法；热衷于引领组织变革，永不满足现状。

（4）结果敏锐度。善于激励团队和发挥影响力，能够在极其困难的情况下获得资源；具有很强的风险承受能力，内心强大；善于通过培育共赢的思维观念获得强大的影响力；善于授权、互利合作。

（5）自我认知敏锐度。拥有良好的自我洞察力，对自己的优势和弱点认知清晰；注重自我完善，积极推进自我能力的持续发展，并以此促进自身工作表现的改善。

尽管管理者的学习敏锐度中包含了对自我身份的认知，但创业激情的保持，则来源于管理者的身份认同，即“持续创业者”或者“创业英雄”。其核心则是一种“英雄情结”——乐于迎接变化和挑战、坚韧、勇于冒险。

将学习敏锐度和“创业英雄”这一身份认同带入管理者的培训和塑造中，是提高企业三个驱动力之敏捷性的两个核心方法。

第三节　三个驱动力的整合

关于三个驱动力的整合，对于规模化大型企业，我们可以运用前文阐述的梯级设计，在企业的各个管理层分级实施，如表 4–1 所示。

表 4–1　三个驱动力的分级整合

管理层级	业务驱动	能力驱动	愿望驱动
高层管理者	种子业务	探索能力	超前洞察
中层管理者	当下业务	战略能力	未来愿景
基层管理者	传统业务	现有能力	当下愿望

我们还可以按照以下三个路径对驱动力进行整合：

其一，横向整合，即从种子业务到探索能力，再到超前洞察。

其二，纵向整合，即分别从业务层、能力层、愿望层，自上而下地整合。业务上从传统业务到当下业务，再到种子业务；能力上从现有能力到战略能力，再到探索能力；愿望上从当下愿望到未来愿望，再到超前洞察。

其三，跃迁整合，即从传统业务到战略能力，再到超前洞察。

第二篇

建构企业动态发展的制导系统

解决了企业的驱动力问题，下一步必须解决制导问题。如果我们把企业比喻为一枚飞向目标的导弹，制导就是引导和控制导弹按设计的轨道飞向目标的技术和方法。

对企业的制导，长期为战略规划和执行，即战略制导，中期为预算制导，而短期则为年度经营计划制导。

本篇将从战略制导、预算制导、运营制导（年度经营计划制导）三个领域进行详细论述，即驱导管理的第二部分，如右图所示。

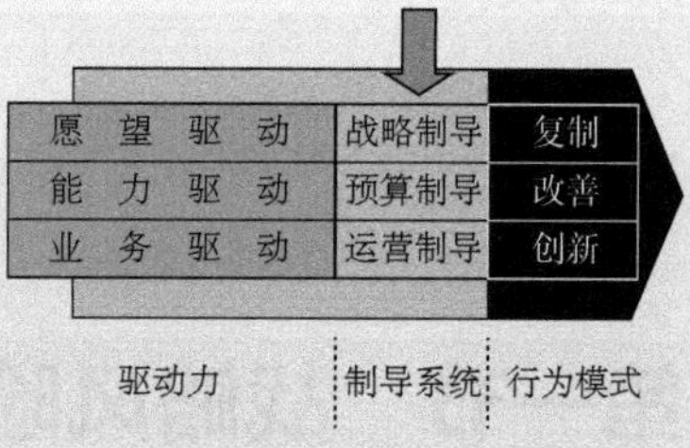

第五章 战略制导

制导系统中的战略制导，需要在思想观念和行动规制上为企业解决四个问题：

其一，企业未来的战略方向是什么？如何确保这个方向是正确的？

其二，如何建构支撑企业未来战略方向的核心要素？

其三，如何从企业组织和运营角度，推动战略变革和战略转型的实现？

其四，如何开展战略学习、战略反思和战略改善，即如何增加企业的战略敏捷性？

第一节　战略风险、战略目标与战略学习

一、战略风险

（一）获取战略风险的信号

经营、财务数据只能代表过去的结果，并不能预见企业未来的发展。现在成功并不能保证未来同样成功，而大部分企业在做战略规划时，总是非常重视眼前的经营数据，容易犯战略“近视眼”的错误。

此外，从企业发展与技术创新的历史来看，那些打败占据统治地位市场主导者的后起之秀，很多是行业之外且被行业内人士忽视的“局外人”，多数企业正

是被行业之外的创新技术彻底颠覆了自己的产品、技术和市场。

因此，企业对战略风险信号的获取，必须从过去的经营数据扩展至对未来的预测和推断，由行业内数据扩展至行业外的领域。

（二）对战略风险进行预测与推断

即使企业高层管理者把对战略风险信号的获取延伸至未来和行业外部，并在企业内部进行突破性技术创新，但往往因未能打破既有市场地位和既得利益的束缚，而跌入战略风险认知的陷阱。

要想真正预测与推断战略风险，必须学会放下自己的成见和既得利益，以一种完全客观、超然、理性的态度，选择挑战自我认知、眼前利益、现有优势的持续创新的道路。

（三）摆脱现有战略规划的束缚，保持战略敏捷性

企业制定战略后，为了强调执行力，即使在外部已出现“环境震荡信号”或者“非平常的早期异常信号”，高层管理者通常还是会坚定地执行已经制定的、清晰的战略规划，由此造成了“战略刚性”，进而对外界环境变异因素或者趋势的拐点失去反应速度和应对能力。

为了不被现有战略过度地束缚手脚，必须使企业保持战略敏捷性。

第一，对战略规划，不要追求完美执行，而是充分考虑执行速度和灵活性。倘若企业死守着战略规划亦步亦趋、按部就班地执行，就失去了对早期战略机遇的探索和尝试。这些探索和尝试虽然不符合原有战略规划，却是让企业避免陷入早期“战略风险”的有益行动。

第二，在企业组织形式上，以强调主导战略及执行力为前提，企业可以采取授权方式，让某些创新项目小组开展自主、多样的探索经营。当年英特尔公司 CEO 格鲁夫决心转向开发 CPU 后，他对如何从头开始非常忧心。正当他考虑需要多少研发时间和投资时，竟然发现分公司早已开始研发 CPU，并已经将新的资源投入这项新业务中。显然，英特尔的“分权管理模式”拯救了企业的战略危机，它让创新项目小组（业务单元）可以自主研发、探索经营，进而让整个企业战略保持了开放、包容的特性，即战略敏捷性。

第三，为具体业务留出宽松的学习与试错空间，在资源配置上采取独立模块

化并注重资源的流动性。例如，3M 公司特意缩短研发人员的工作时长，留出足够的空闲时间让他们在实验室、办公室或家里自由学习、试错。研发人员可以独立组织业务开发模块，企业保留一部分战略预算之外的资金，用于对这些处于探索阶段的业务模块进行投资。

无论是突破战略风险信号的获取范围——从过去转向未来，从行业内转向行业外，还是摆脱既有战略认知框架和既得利益格局，这些都是对企业传统的战略规划、战略执行的创新与变革，能够增加企业的战略敏捷性。

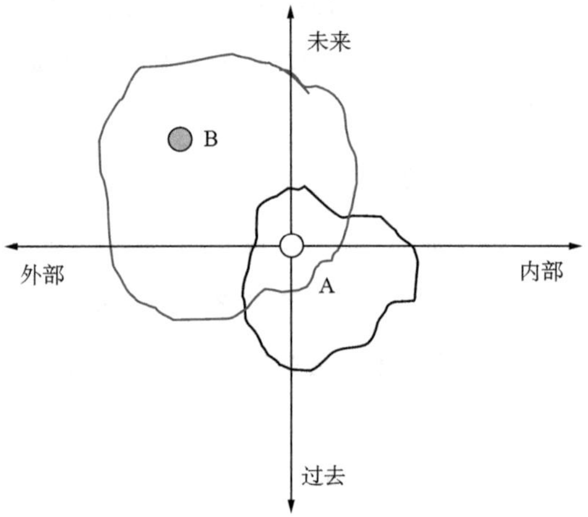

图 5–1　企业战略规划路径

如图 5–1 所示，当企业的战略规划立足于 A 区域，聚焦于内部和过去的战略风险信号时，战略视点可能处于未来与过去、外部和内部之间的平衡点（原点）。然而，面对当今高度复杂、技术突飞猛进的互联网动态发展时代，未来的不可知性迫使企业必须把战略规划从过去的 A 点转向 B 点，将战略风险信号扫描区域扩张至未来和外部的领域，同时将战略风险认知迁移到未来与外部的组合点（B 点），如此才能避免战略刚性导致的战略风险，增加企业的战略敏捷性，并且形成不同于过去的战略规划方式。

二、战略目标

如果战略目标选择错误，那么战略制导就不可能正确。

企业管理理论所探讨的企业目标，是从早期的利润最大化，到追求满意的利润，再到股东价值最大化 / 高管团队价值最大化 / 客户价值最大化，甚至追求利益相关者的利益平衡等。

很多学者和管理者则从企业利润的角度探讨战略目标，认为股东价值最大化、资产增值，甚至利益相关者的利益最大化都不是企业应该追求的战略目标。因为这些都不是企业运营的结果，而是创造企业市场价值的根源。

企业作为创造市场价值的主体，有两个根本立足点，在起点上就是资源，包括有形资源，如资本、原材料、设备、人才、工艺等，还有无形资源，如知识、技术、管理诀窍、品牌资产等，其终点则是客户利益。企业的目标就是把自己拥有或者能够调动的资源转化为客户价值，即成就一批满意的客户。

从长远来看，实现客户价值的一个前提条件就是企业必须具有超过竞争对手的竞争力。只有在这个前提条件下，企业才有可能满足客户需求，在市场上获得客户青睐。故此，获取客户价值而不是股东价值，追求竞争力而不是资产增值，才是企业的战略目标要求。

战略目标的本质是面向未来且具有全局性，从时间持续的角度来说，客户价值和竞争力也是需要被明确定义的，即战略目标层面的客户价值是指未来的客户及其客户价值而非现在；战略目标层面的竞争力也不是指企业现在的竞争力，而是未来的竞争力，或者是持续竞争能力、核心竞争能力，甚至是变革竞争能力。

企业的现在是过去的结果，企业的未来是现在的结果。过去企业遵循什么样的战略目标，现在就是什么样的企业；同样，企业如今的战略目标如何，决定着企业未来的样子。

因而站在企业持续发展的角度，我们在战略目标上必须清楚地定义——未来的客户是谁？未来的客户价值到底是什么？同现在的客户价值相比有什么不一样？未来市场竞争中的对手是谁？应该塑造的竞争力相较于现在的竞争力有何不同？

此外，即使企业确定了未来的客户及其客户价值，以及在未来行业中竞争力的塑造，也一定要保持战略敏捷性，并把它作为战略目标之一，这样将使企业避免因趋势拐点的出现而导致原有能力迅速过时从而被淘汰这一困境。

三、战略学习

战略学习是一种高阶学习，即双环学习。单环学习强调的是对现有知识和现状的“学习认知”，双环学习则是在学习过程中对既有组织规范及假定进行检视、反思、质疑，把利用性学习与探索性学习融合起来，又称为“创造性学习”。战略学习必须依据从当下行动中学到的内容来对现有决策的结果进行解释、评估，聚焦于通过组织创造和使用知识来调整未来组织战略的能力。

战略学习大致分为两类：

其一，从失败中学习。从企业失败的项目、战略及其行动中反思和学习，分析失败的原因并吸取教训，尤其学习洞察环境变化的早期信号，以此促使企业管理者形成新的企业使命和愿景，创建新的竞争优势和战略绩效。

其二，从战略活动中学习。战略活动具有尝试性，类似于孵化项目、前沿技术创新、新商业模式探索、超前新产品开发和市场实验等，也包括围绕既有流程、规范、目标、制度、文化等开展的反思、调整、突破等活动。这里需要强调的是，战略活动和战略执行是两回事，战略执行是对过去已经制定的战略目标、战略路径、具体业务策略的组织运作，战略活动则是在不受现有战略规划束缚的前提下，对未来的业务领域、技术、商业模式等进行的探索性、尝试性、前瞻性活动。

在组织上，战略学习包括战略学习的目标与愿景、开放性与试验、管理者承诺和授权。在内容上，战略学习则包括战略知识创造、战略知识分享、战略知识阐释、战略知识实施，如表 5–1 所示。

表 5–1　战略学习的行动要素

战略学习		行动要素
组织	目标与愿景	探索未知、突破现有思维框架、持续实证战略假设、发动战略变革
	开放性与试验	跨界、整合资源、开放平台、试验迭代
	管理者承诺和授权	允许可控的自由探索、宽容错误、授权自组织

续表

战略学习		行动要素
内容	战略知识创造	创造现有战略规划之外的新知、新法
	战略知识分享	利用失败、探索、外部学习，形成内部知识分享体系
	战略知识阐释	通过对战略进行创意性解释，形成围绕战略变革的交流和知识传播的力量
	战略知识实施	战略变革的路径及其推动，产生创新绩效

战略学习不仅能够尽早避免未来的战略风险，也是实现企业有效战略变革的重要途径与有力工具。

第二节 战略制导的运营流程

战略制导，是指每年通过评估原有战略，对战略进行修正、改善，增加新业务战略，或者发起新的战略转型。

一、战略评估

战略评估是企业战略制导的起点。

必须清楚的是，战略评估的特点是从未来看现在。战略评估的第一步，就是对未来环境的预测，形成对外在环境发展趋势或者拐点的战略预见。

首先是宏观 PEST 分析，即政治、经济、社会、技术。

参照图 5-1，我们可以分别针对 A 点和 B 点做出两套 PEST 分析预测，即 A-PEST 和 B-PEST，如图 5-2 所示。

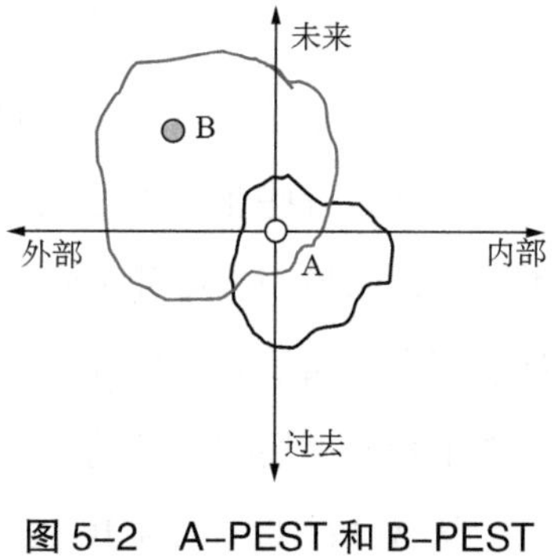

图 5-2 A-PEST 和 B-PEST

A-PEST 是基于过去的数据对现状进行评估。按照增长模型的两个维度即现有市场增长率和现在相对市场竞争力，获得基于现状的业务类型，即成长类、成熟类、问题类、摒弃类，如图 5-3 所示。

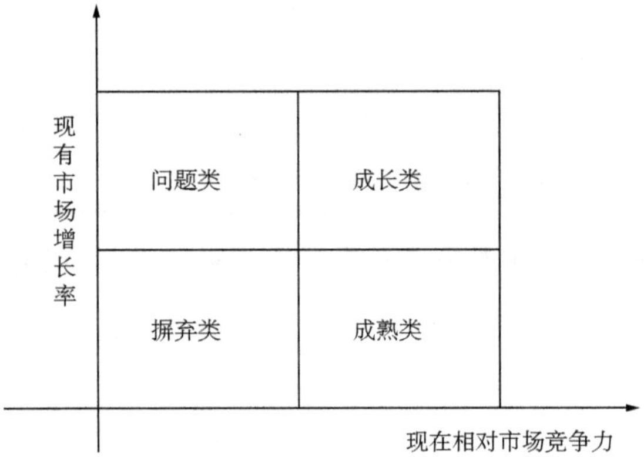

图 5-3　基于现状的业务类型

然而，如果我们放入 B-PEST 背景，A-PEST 中的问题类业务可能成为种子类业务，而摒弃类业务可能恰恰是需要在战略上坚守的业务，如图 5-4 所示。

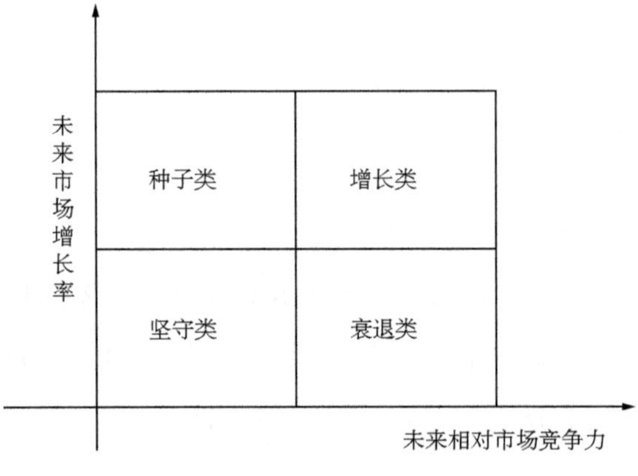

图 5-4　基于未来的业务类型

此外，有些业务虽然现在竞争力弱小但可能非常适合未来的市场，属于种子类业务；而另一些业务尽管目前规模很大，但对于未来的行业市场而言其竞争力难以扩大，属于必须摒弃的业务；还有一些业务尽管未来的竞争力很强，但看不到未来行业市场的增长前景，因而属于衰退类业务。

从 A-PEST 背景到 B-PEST 背景，企业的竞争能力在时间维度上存在着一个迁移、变革的战略路径。我们可采用著名管理大师马利克的6个竞争能力关键变量，形成企业未来战略变革路径，如表5-2所示。

表5-2 企业未来战略变革路径的关键变量

A-PEST（背景A）	现实评估	B-PEST（背景B）	未来预测
竞争力	市场地位	竞争力	未来市场地位
创新	改革成就	创新	未来改革成就
效率	生产力	效率	未来生产力
客户	对客户的吸引力	新客户	对未来客户的吸引力
现金流	支付能力现金流	现金流	未来支付能力现金流
投资收益率	盈利能力	投资收益率	未来盈利能力

二、制定新战略规划

如果说战略评估是企业从内部向外部，从过去向未来的战略学习和对战略信息的大范围扫描，那么新战略规划则是开始聚焦企业的资源、能力和机会，进一步明确企业未来做什么和不做什么。尤其针对那些全新的、刚刚起步的业务，企业必须制定新战略规划。具体包括：

（1）重述或修改新企业使命。

（2）重述或修改新企业愿景。

（3）重述或修改新企业价值观。

（4）制定企业未来3年~5年的战略目标（市场地位、创新成就、效率、客户价值、现金流、投资收益率等）。

（5）明确围绕这些目标的业务增长策略、组织架构、人才团队、研发创新（知识管理）、投资财务预算等，以此确定每年的关键任务（OKR）、战略控制点（核心竞争能力）、战略学习。

（6）出台有关领导力发展、员工发展、战略文化变革的核心举措。

此外，企业应在A-PEST和B-PEST背景下制定两个新战略规划，前者的核心思想是战略定位，后者的核心思想是战略学习。制定完成后将其合二为一即可，以便达成战略目标。

三、战略定位与构建战略控制点

（一）战略定位

在规划新战略时，企业管理者需要判断既有业务是种子类业务还是增长类业务，并根据竞争态势明确该业务板块在未来市场上的战略定位，同时以此为目标，驱动技术、生产、成本、人才、市场推广等为此战略定位积极提供强有力的支撑。

（二）构建战略控制点

塑造行业中某一企业核心竞争能力的要素，成为该企业未来在行业中保持战略定位的控制点，即战略控制点。

由于不同行业的核心竞争能力要素不同，构建企业战略控制点的因素也是不同的。企业管理者应高瞻远瞩，先于竞争对手准确预判未来企业应具备的核心竞争能力因素，提前构建企业的战略控制点。

通常企业需要构建的战略控制点有 2 个~5 个，例如在软件行业，技术研发和产品迭代能力、知识专利数量、与上下游的协作能力，就是最重要的 3 个战略控制点。企业管理者对本行业战略控制点的认识越超前，洞察越深，行动越早，该企业战略定位的效果就越好。

四、战略组织类型与战略执行

战略组织是保障战略执行的最关键因素。

（一）企业最高战略组织机构——战略规划咨询委员会

战略规划咨询委员会的主要成员类型有：

（1）企业内部的高级管理者和专家，如董事长、副董事长、总经理、技术总工程师、研发总监、市场总监、战略规划专家等。

（2）企业外部的企业家，如企业上下游合作伙伴的董事长、总经理，相关行业已经退休的企业高管、企业家等。

（3）与企业所在行业相关的研究机构、高校、政府部门等的学者，在专业领域具有影响力的专家。

（4）相关投资领域的投资专家、金融专家、兼并重组的专业人士。

上述几类成员通常持有丰富的行业与专业阅历，对行业未来发展具有敏锐的洞察力和精准的预判力，可以从金融投资、未来技术发展、业务持续经营、市场竞争趋势预测、新技术业务领域的潜力与风险等方面，为企业提供独到、深刻、系统的见解。

战略规划咨询委员会的主要职能如下：

（1）在每年的第三季度组织并领导对企业战略的评估工作。

（2）负责进行宏观与行业环境分析以及企业经营能力分析，重新确立或修改企业的战略定位，带领相关职能部门制定企业的中长期战略规划。

（3）围绕可体现企业未来发展战略的投资项目以及构建企业未来竞争战略控制点的关键因素，提出建议和研究报告。

（4）对基于战略学习的新业务拓展及其未来发展进行评估和分析，并提出相关决策建议。

（5）指导各业务板块、区域组织的战略规划工作。

（6）邀请外部专家和战略咨询机构一同开展围绕企业未来发展战略的专题讨论与研究。

（二）应对环境变化的战略组织类型

根据对开创性问题、技术工程问题及其营运管理问题的解决倾向，企业组织可分为以下四种类型。

（1）防御型组织。在市场环境相对稳定这一前提下，围绕企业的战略定位采取防御型措施。通常采用低成本竞争定价及高质量、完善的服务，以及良好的品牌声誉等维护市场和客户的稳定。

（2）开拓型组织。开拓型组织的重点不在于追求效率和利润率，而是聚焦于探索和发现新市场和新产品的机会。由于开拓型组织通常面对的是一种变化动荡的环境，因此需要对环境变化保持敏锐性并具备应对行业变革的能力。

（3）分析型组织。分析型组织处于防御型组织与开拓型组织之间，或者说是两者的结合体。防御型组织效率高但适应性差，开拓型组织适应性更好但效率低，而分析型组织既可提升运行效率，又具备较强的适应性，往往能够以最小的风险获得最大的机会，赢得企业满意的利润。

（4）反应型组织。这类组织通常对外部环境变化反应被动，其在本质上属于缺乏战略决策的组织，也是组织正在走向衰亡的体现。

企业应避免形成反应型组织，并且根据业务发展的需要在其他三类组织之间做出适宜的选择，保持战略执行的敏捷性。

（三）建构企业经营能力的战略组织类型

企业经营能力层面的战略组织类型大致有以下五种。

（1）指挥型战略组织。这类组织通常分为指挥命令层和执行层，企业高层属于前者，主导战略规划、战略指挥，而企业中基层为后者，需要针对高层的战略思路和战略规划制定具体的执行方案，并向高层汇报执行情况，提交分析评估报告。指挥命令层根据执行层的报告情况，对战略规划进行必要调整，然后分配给具体管理和执行人员。

（2）变革型战略组织。这类组织与指挥型战略组织的区别在于，其主要围绕需要进行战略变革的主线和项目展开，通常需要对企业进行一系列变革，如开拓新业务单元、建立全新的组织机构、对人力资源系统进行革新、兼并或重组经营业务、采用新的激励政策和控制方式等，甚至涉及对整个企业战略文化的变革与转型。

（3）合作型战略组织。这类组织倡导企业的中高层管理者共同承担战略决策和战略执行的职能，力图做到群策群力。

（4）文化型战略组织。这类组织把企业战略上升至文化层面，从企业使命、价值观、文化习俗、企业英雄等文化要素入手，向全体成员传播战略理念、战略思维、战略路径、战略焦点等，以此优化员工的价值观和行为准则，培养员工与企业战略一致的心智模式，进而于无形中消除战略执行中的阻力因素，增强战略对每位员工的激励、推动作用，使所有成员在浓厚的企业文化氛围中参与战略实施。

（5）增长型战略组织。这类组织擅长围绕业务增长提供解决方案，聚焦企业中基层管理者战略执行的积极性及主动性，提出有针对性、效果显著、促进业务增长的方案。

企业在选择战略组织类型与战略执行上，应对不同类型组织的特性进行分析，以确保企业在战略执行上的顺畅与高效。

第三节 战略文化

企业战略文化以“软性管理”的方式，营造与企业新战略规划一致的文化氛围，尤其是形成与新战略规划相适应的员工心智模式。一家成功企业的战略文化，一定可以发展为企业管理者和员工对企业能够永续经营的坚定信念。

一、战略文化的构成要素

战略文化是企业文化的一个重要方面，通常由以下五个观念主导：

观念一，企业必须主动适应环境变化，而不是被动适应，必须对未来环境趋势进行主动预测，即做到认知上的战略预见和行动上的战略主动。

观念二，在处理全局与局部的关系上，更加注重全局，即有全局观念。

观念三，在处理未来和现在的关系上，更加注重未来，即有未来观念。

观念四，在原战略和新战略的处理上，更加注重战略变革和战略学习。

观念五，在战略竞争上更加注重客户价值、企业生存，以及企业的健康运行。

二、战略文化与企业管理者

企业管理者是企业战略文化的创建者、传播者和变革的推动者。

在企业的长期发展过程中，面对内外部产生的各类问题，管理者必须根据自己的经验、思维方式、学习成果甚至个性等，逐步形成企业在问题处理上的观念和方法，同时也要不断吸收新员工的思想和经验，完善自身的思想和企业经营管理方式，由此逐步形成企业的战略文化。

不同的企业，由于管理者的经历和个性不同，在战略文化上也具有不同的特点。同时，管理者在战略文化中的关键作用，在企业的战略变革中将体现得更为明显。战略变革可能发生在企业初创阶段，也可能发生在企业发展的中期阶段，还可能发生在企业的业务成熟、衰退阶段。处于不同阶段的企业组织，其管理者进行战略文化变革的方式也有所不同。

在企业初创阶段，战略文化变革起源于管理者的深刻洞察——其意识到需要及时调整企业的战略方向，否则企业的发展将会停滞，甚至出现问题。

在企业发展的中期阶段，管理者通过积极引进符合未来战略定位的新技术、新专利、新员工，补充企业在某些方面的“营养”。

在企业成熟、衰退阶段，管理者可以通过引进外部咨询、顾问，帮助自己破除企业旧文化、寻找新战略理念，进而塑造新战略文化，带领企业进行变革，号召员工一起转换观念和思维方式，重塑企业战略愿景，进行组织和流程的重组，创建新的业务等，以达成企业战略文化的重生。

第六章 预算制导

本章所说的预算，不是仅指财务预算，财务预算只是对费用进行控制和预先筹集需要使用的资金。预算制导的预算，首先是基于业务组合的投融资预算，还包括研发、人才、组织发展等的预算，从而形成针对企业未来战略发展的系统预算体系。

第一节 业务组合投融资预算

业务组合投融资预算是指，通过使资金在不同业务之间进行调配，保障企业的现金周转，提高资金的使用率，降低资本成本，提高企业的财务安全，确保企业的平稳运行。

一、基于业务组合的现金通道管理

企业通过上市、股权交易等可以进行直接融资，也可以通过出售资产解决现金流问题。企业涉及的业务越多、范围越广，其现金通道的设计就会越复杂，在现金流入、流出的时间点、数量的控制上要求就越高，因此企业需要具备高超的财务风险把控能力。这里面既有一般财务上的现金管理技巧，又涉及企业业务组合及其现金通道的设计与把控。

通常，我们可以把现金通道管理划分为短期经营性现金通道管理和战略性现金通道管理。基于业务组合的现金通道管理属于战略性现金通道管理。

管理好基于业务组合的现金通道，企业必须在战略上对不同业务所处的资本周期阶段进行准确预测。

资本周期可划分为四个阶段，如图 6–1 所示。第一阶段，高回报率诱发资本进入，企业容易盲目扩大投资。第二阶段，资本的集中进入导致产品价格快速下跌，甚至低于成本，形成激烈竞争。第三阶段，许多企业因出现亏损破产或退出市场。第四阶段，竞争环境得到改善，市场价格回升，企业较易获得稳定的利润。

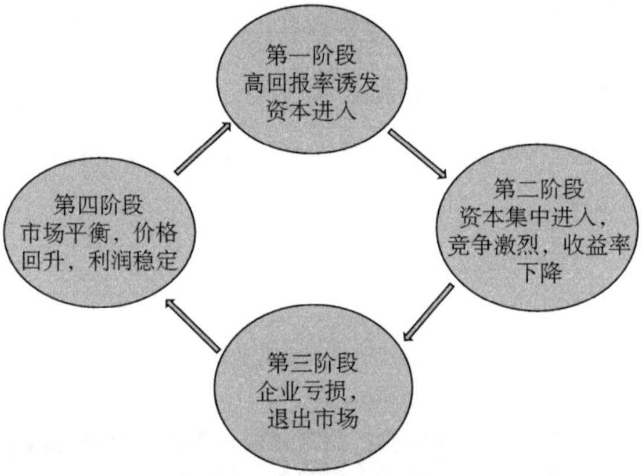

图 6–1　资本周期的四个阶段

无论哪个业务，在资本周期的第一阶段，企业都很容易做出盲目扩大投资的决策，一旦进入第二、第三阶段，在第一阶段投入的资本将无法回收，伴随着市场中产品价格下跌，以及由竞争导致的市场份额减少，企业必然出现现金流的问题。因此，企业必须在第一阶段就按压下盲目扩张的冲动，把握业务扩张的时间、节奏和投资规模，并且在整体上确保各项业务以及基于业务组合的现金通道的畅通。

就某项业务而言，企业对现金通道的管理主要聚焦三个问题：

（1）企业是否有足够的现金来更新资产、支付税款以及满足新业务的投资，即短期的经营活动现金流是否有保障？

（2）企业的现金流是否可以支持对利息和资本的偿还，即中期的筹资活动现金流是否有保障？

（3）企业的现金流是否可以帮助企业实现规模扩张和拓展新业务，即长期的投资活动现金流是否有保障？

如此一来便形成了企业的两大类预算形式：中长期的战略运营预算和短期的经营预算。战略运营预算主要针对种子业务和企业长期能力的培养，以财务资金的投入为主；短期经营预算则是获得更多的现金收入以降低经营成本，我们将其归入下一章进行论述。

二、战略运营预算

战略运营预算是达成企业三个驱动力控制平衡、确定企业未来发展方向的中长期预算，尤其是针对未来企业竞争能力及其支撑因素（人力、研发、组织发展）的预算规划，因为其聚焦资金投入，所以又称为业务组合投融资预算。

战略运营预算编制由预算单元与责任主体、战略绩效指标体系、战略资源的配置、战略产出预算、内部费用核算五个部分组成。

（1）确定预算单元与责任主体。一般根据业务单元的划分确定企业的预算单元，并根据各单元的战略规划要求形成总体财务指标。在每个预算单元下明确不同的责任主体，这些责任主体可以是项目开发小组、部门、区域、分公司等。

（2）战略绩效指标体系。为了更好地执行企业的战略规划方案，需要根据战略定位、资源配置及规划要求，形成对每个业务单元的战略运营预算指标体系，即战略绩效指标体系。

（3）战略资源的配置。根据不同业务单元的战略规划要求，明确对人、财、物、时间的配置。

（4）战略产出预算。根据不同业务单元的市场竞争程度、组织成熟度、产品生命周期等，对战略的产出进行预估和测算。

（5）内部费用核算。对于承担企业战略运营和战略绩效责任的各业务单元需要单独进行核算，包括业务单元与企业、业务单元之间的各项费用。

为了让战略运营预算更为精准，企业需要逐步积累和建立预算支撑信息库。尤其要收集对标企业、行业在战略绩效上的运行数据，这也是科学制定战略运营预算时必不可少的基础条件。

在确定战略运营预算编制后，企业管理者需要对每个责任主体的预算规划进行评审。

各预算单元的具体负责人需要向战略咨询委员会提供战略运营预算报告，包括预算决策、关键业务计划信息、预算假设三个部分。企业管理者则针对各责任主体的战略运营预算报告进行评审，在参考上期预算评审意见的基础上，针对预算决策的执行情况、关键业务信息的及时性和准确性、预算假设的科学性给出评价。

预算评审要达到进一步优化战略运营预算的效用，需要进一步明确企业整体的战略规划要求，使预算体现企业战略逻辑。此外，要明晰预算假设条件，优化预算结构和数据逻辑，增加预算的可执行性、可信度与完成率。

在战略运营预算评审通过后，就进入预算执行阶段。为了确保企业战略运营的平稳，发挥预算对于战略运营的控制作用，需要采取滚动预测，即在一定周期内（例如一个季度）把实际完成的情况与预算目标进行对比分析，并根据预算假设条件的变化和业务场景的不同，对预算的资源配置进行弹性调整。

战略运营预算执行的最后一步，就是每年在新战略会议召开之前进行预算复盘。首先，通过各责任人提交的战略运营绩效报告，判断上期预算的遗留问题是否解决；其次，检查本期各项战略绩效的运营情况，并根据滚动预测得出本年绩效目标完成情况，尤其要针对某些短板业务或关键业务的战略绩效召开专题会议；最后，形成对本期战略运营预算及其绩效的决议。

战略运营预算的执行情况，不仅关系到企业战略能否落实到具体业务单元的绩效达成上，而且反映了整个高层管理者对企业平稳运营、规避风险的把控水准，体现出企业是否通过战略管理工具达成经营目标，从而维持各项业务的持续增长。

第二节　研发、人才、组织发展的预算

企业在技术研发、人才培养、组织发展上往往需要持续投入大量的资金，因此必须对上述三个方面进行预算管理，并将其纳入整体的战略运营预算体系。

一、研发预算

针对一个战略规划周期的研发预算，需要做到以下五点。

第一，明确研发预算的战略目的，即研发对于企业总体战略的作用、同上期研发预算的继承和发展关系，以及研发与整个业务组合、其他业务战略之间的相关性和对其产生的协同作用等。

第二，分析并预测研发趋势、评估企业研发能力现状。不仅涉及对研发环境、行业政策法规、细分市场、竞争者或潜在竞争者、技术与产品未来趋势的预测，还要通过对企业现有研发能力进行评估，确定未来的发展趋势和研发缺口，以此作为制定研发目标和预算的依据。

第三，制定体现企业未来战略定位的研发目标，包括新技术目标、新产品目标、研发人才目标、研发组织发展目标等。

第四，提出具体研发方案，包括产品研发路线图——新产品研发项目、新产品期间布局；技术升级路线图——核心和关键技术的突破、新技术研发周期管控；与外部的合作方案；研发平台、研发团队的建设；研发管理能力的提升等。

第五，得出实现研发战略目标和执行具体方案的资金投入预算、人员需求预算。

二、人才预算

简言之，人才预算就是企业对人才培养与储备、人才梯队搭建与管理的预算。

首先，企业需要依据未来战略愿景和战略定位确定今后业务的增长和盈利模式，以此为基础明确需要哪些方面的人才。

其次，企业需要对目前的人才状况进行评估，明确目前存在的人才短板和问题，同时对能够满足企业未来战略要求的人才的能力进行列举，找出“人才差距”。

最后，确定消除“人才差距”的方法，如制定并实施对外部的人才招募计划、对内部的人才梯队计划以及人才培养计划等。

“人才差距”的消除需要一个过程，更需要企业为此保障相应的人才预算，用于建立自己的人才梯队和人才储备。

三、组织发展预算

人才预算可以解决企业员工如何满足企业未来战略要求的问题，组织发展预算则可以解决组织结构、新组织培育等如何支撑企业未来战略的问题。企业可依据组织发展周期理论和组织发展结构理论，制订未来组织发展的预算计划，通过对组织发展的持续投入，促进组织变革和能力升级。

（一）组织发展周期理论

组织发展周期可分为创业期、引导期、授权期、协调期、合作期。

在创业期，企业人员少，凝聚力强，关系简单。

在引导期，企业人员增加，组织规模扩大，需要沟通的信息、做出的决策、协调的地方等迅速增加，必须进行部门职能专业化分工，引入职业经理人，形成正规、专业的沟通、协调、决策机制。

在授权期，企业经营范围扩张，人员规模更大，业务单元数量和区域数量众多，需要企业建立授权分权体制和集团管控模式。

在协调期，由于企业已经建立了授权管控体系并有了详细的制度和流程，因此运营平稳有序。此时企业规模巨大，需要通过战略运营来进行业务单元之间的协调，同时导入战略学习，推动新业务板块、种子业务的建立和发展。

在合作期，为阻止企业肌体老化，防止出现官僚主义和创新惰性，确保组织活力，提升个体的积极性、主动性、创造性，需要企业建立跨部门项目小组、内部自组织创新团队等，实施与内外部资源的合作，提升组织的开放性、敏捷性。

组织发展周期理论为企业的战略性组织发展提供了有益的启示，企业可根据自身所处的组织发展周期阶段，找准自己的强项和短板，在保障预算的前提下有针对性地开展组织变革和优化。

（二）组织发展结构理论

针对组织发展结构，韦斯伯德提出了“六盒子模型”。

盒子一：使命与目标。企业的全体员工对企业使命和战略目标是否非常清楚？是否愿意在行动上支持它们？支持的程度如何？

盒子二：组织结构与运行过程。企业的组织结构与运行过程能否支持企业使命和战略目标的实现？

盒子三：关系与流程。组织中最重要的三种关系，即个体之间的关系、个体与工作任务的关系、团队之间的关系是否顺畅？

盒子四：帮助机制。组织中是否有帮助机制？帮助的效果如何？

盒子五：奖励与激励。组织的奖励与激励能否激发员工的工作动机和热情？

盒子六：领导力。处于组织中心地位的管理者其工作能否体现卓越的领导力？

借助韦斯伯德的“六盒子模型”，企业可以对自身的组织结构进行评估与诊断，并形成评估数据，以此为依据制订相应的预算计划，推动企业的战略运营和战略学习。

第七章
年度经营计划制导

企业经营计划是一个体系，包括长期、中期、短期的经营计划，本章内容以短期经营计划，即年度经营计划为主。年度经营计划是落实企业战略与预算的年度具体行动方案，属于驱导管理中的“运营制导”。

第一节　年度经营计划的筹划与管控

对于年度经营计划，许多管理者只是延续上一任的做法，按部就班地去做，并没有真正理解其中隐含的管理智慧和管理技能，将其视为例行“公事”，每年重复做一遍。其实，年度经营计划中包含着筹划与管控这两个最为关键的管理技能。

一、年度经营计划的筹划

年度经营计划作为短期的制导管理，是一个学习与认知、组织与协作、执行与控制的运作体系。它既是对过去一年经营计划的评估与总结，其制订过程也是团队学习、达成共识和协调资源的过程，体现了组织自上而下、自下而上的垂直协作。

在为筹划年度经营计划而召开的会议上，不仅需要企业各级管理者在协调资源和决策部署上充分发挥个人的沟通能力，也要求参会者通过会前的充分准备和会上严谨、细致的汇报使自身能力得到锻炼和提升。

对年度经营计划的筹划必须涵盖以下五个方面的内容，缺一不可。

（一）基本数据和信息

· 经营业绩数据，即年度销售额、销售增长率、市场占有率、利润率等。

· 现有客户信息，包括客户满意度、客户增长率、客户期望等。

· 行业竞争对手信息。

· 生产和质量信息，包括成本、效率、品质等。

· 采购与仓储信息。

（二）资源和组织机构

· 财务资源，即资金、设备、资产等。

· 人力资源，包括招聘新员工、人才梯队、员工培训、人员绩效等。

· 组织机构及其发展。

（三）衡量指标

· 业务指标，如销售额、销售费用、利润率、销售增长率等。

· 生产指标，如品质优良率、成本降低等。

· 人力指标，如人均效能等。

· 其他指标。

这些指标，通常以 KPI 或 OKR 的形式设定。年度经营计划必须包含关键指标，而且这些指标必须量化。

（四）不同类型、不同层级年度经营计划的起草者和执行人

有些企业设有计划运营部或企业管理部，可以负责整体年度经营计划的制订，而有些企业直接由总经理办公室负责整个企业年度经营计划的起草和执行，各部门的年度经营计划则由其负责人主持和执行。因此，当企业在完成年度经营计划的起草后，要与各层级的执行人签订责任书以明确责任主体。

（五）制订和执行年度经营计划的方法、步骤和程序

企业需要规范年度经营计划书的格式，明确规定自上而下与自下而上的制定程序及其时间节点，确定每个制订部门的规范动作，设定年度经营目标和主要任务，确定每个季度、月度甚至每周需要完成的核心事项，设定对计划执行情况的检查和纠偏动作的时间点等。

二、年度经营计划的管控

年度经营计划的管控包含预见管理、共识管理、团队学习、导师指导、资源试配、沟通管理等技能，可以说是企业整体管理水准的集中表现。

许多企业不能通过年度经营计划的管控实现对企业发展的短期制导，主要原因有以下几个方面：

（1）对过去一年经营计划的执行情况及其问题分析不到位、评估不客观。

（2）对未来一年经营计划所涉及的内外部因素分析不全面、预测不准确。

（3）年度经营计划不能自上而下，或者高层战略与基层年度经营计划的内容脱钩。

（4）制订年度经营计划的时间不充足。

企业若想保障年度经营计划的落实，必须在以下几个方面对其实施过程加以管控。

（一）定期评估与差距分析

管控从评估开始。基于一定时间周期，如一个月、一个季度、半年、一年，将评估结果与计划指标、完成进度对标以明确差距。若差距过大就必须及时采取措施，情况严峻时甚至需要对经营计划本身进行修改。

进行差距分析，找到真正的根源对症下药，形成解决问题的方案并切实执行。这不仅是管控好年度经营计划的关键，而且可以体现管理者分析问题、解决问题的能力。

（二）原因排序与解决时间

很多问题的产生都不是单一原因造成的，我们不可能把所有问题一次性解决，也不可能在短期内把这些问题彻底解决。

因此，我们必须按照轻重缓急对造成差距的原因进行排序，抓住主要矛盾，解决突出问题。在衡量企业现有能力的基础上，明确解决问题的时间。对于短期内能够解决的问题，快刀斩乱麻、迅速处理，对于那些必须花费较长时间才能解决的问题，从长计议、逐步解决。

（三）确保解决方案的落实

对年度经营计划的管控能否产生实效，很大程度上取决于外部不可控因素和内部可控因素。对于外部不可控因素，不能放任自流，而是尽量通过调整内部可控因素，去适应外部不可控因素的束缚。对于内部可控因素，上级管理者可在评估为解决问题所需调动的资源、条件和风险后，及时督促各相关部门积极合作，并授予有关责任人适当的权限，保障其执行解决方案时的流畅度和高效率。

第二节 年度经营计划的内在逻辑

企业的年度经营计划是一个体系，涉及市场计划、销售计划、生产计划、采购计划、仓储物流计划、人力计划、财务计划、领导力发展计划、组织发展计划等。我们必须了解其内在逻辑，以便使年度经营计划在执行过程中保持顺畅，凸显其整体效果。

一、年度经营计划体系的三条主线

年度经营计划体系中的三条主线，便是我们制订企业年度经营计划时必须遵循的内在逻辑，如图 7-1 所示。

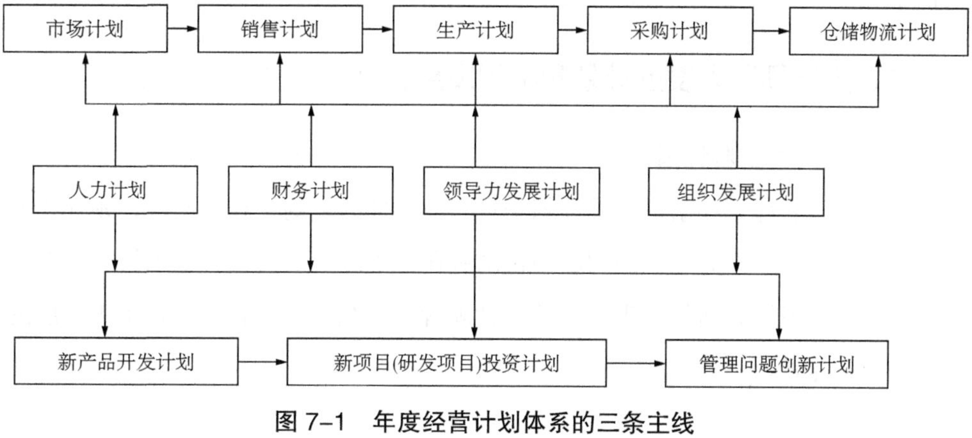

图 7-1 年度经营计划体系的三条主线

（一）以市场为导向的价值创造流程

首先在对市场进行预测的基础上，制订市场计划、销售计划、生产计划、采购计划、仓储物流计划等。这属于企业为客户创造价值的过程，也是企业生存之本。

（二）以创新为导向的价值创新流程

此条主线包括新产品开发计划、新项目（研发项目）投资计划、管理问题创新计划，属于企业进行价值创新的过程，也是企业面向未来的，对现有技术、产品、管理的改善和突破。

（三）以资源为导向的支撑流程

此条主线包括人力计划、财务计划、领导力发展计划和组织发展计划。

这三条主线的着眼点各不相同：以市场为导向的价值创造流程，是对市场竞争程度和客户满意度最直接、短期的反映，属于反映性管理；以创新为导向的价值创新流程，则是面向未来的预见性管理；提供支撑作用的人力、财务、领导力发展和组织发展计划，则兼具反映性和预见性两个特点，连接着企业的现在和未来。

其中，领导力发展计划和组织发展计划最为关键。因为所有经营计划的制订和执行效果都取决于这两者。

下一节我们将重点对领导力发展计划和组织发展计划进行论述。把领导力发展和组织发展作为年度经营计划的必需项目，纳入正规、专业的管理运营过程，是企业发展到一定阶段时的必要动作。

二、突出领导力发展计划和组织发展计划

（一）领导力发展计划

领导力发展计划和组织发展计划是具有前瞻性的计划。相对而言，领导力发展计划更为重要，因为组织的问题归根结底还是管理者的问题，如果管理者缺乏领导力，那么组织如何能够表现卓越？管理者是组织的设计者，也是组织发展的推动者、培养者。

很多企业管理者把职业管理技能等同于领导力，其实这两者有本质区别，具体体现在以下方面：

· 管理侧重维持原状，领导力强调面向未来。

· 管理侧重寻求稳定，领导力强调驱动变革。

· 管理侧重循规蹈矩、回避风险，领导力强调勇于创新、承担风险。

· 管理重视分工流程，领导力关注组织设计与人力提升。

· 管理侧重依赖、控制，领导力强调激励、授权。

· 管理侧重短期目标的达成，领导力强调长期战略远景的有无。

· 管理重视原因（找原因），领导力追求可能（想办法）。

· 管理是“不得不做”（被迫、被动），领导力是“我要做”（自发、主动）。

有些企业有意识地在年度领导力发展计划中设定两个目标，一个是正常目标，另一个则是挑战目标。设定后安排各级管理者自行选择，以此测试他们的积极主动性。然后给他们下达一系列挑战性任务，使其接受考验，衡量其取得进步的空间，同时配置经验丰富的高级管理者作为导师进行指导。

综上所述，挑战目标、任务考验、进步衡量、导师指导构成领导力发展计划的四个关键因素，企业把需要提升领导力的人员加入表 7–1 所示的名单即可。

表 7–1 领导力发展计划参加者名单

人员	挑战目标	任务考验	进步衡量	导师指导
甲				
乙				
丙				
丁				
……				

（二）组织发展计划

组织发展计划，即通过对组织内部各种过程的计划性干预，增进组织的有效性以及推动组织健康发展，是对组织有目的、有计划的变革。实施组织发展计划，企业需要做以下几个方面的工作。

（1）敏感性训练。组织成员通过自由讨论和意见交流，提出各自对问题的理解，以此增强彼此观察和分析问题的敏感性。

（2）群体间关系开发与团队建设。利用群体间关系开发这一方法，改变组织成员对群体的态度、观念和刻板印象，其目的在于共享信息、加强沟通、消除误解。

在团队建设上，通过目标设置和角色分析，明确每个成员的角色和责任；通过成员的高度互动，提高彼此的信任和开放程度，提升团队凝聚力和工作效能。

（3）重新设计组织任务和结构。包括工作设计与工作再设计（如工作扩大化、丰富化、轮岗等），以及设置弹性工作时间、提供灵活的办公空间等。

（4）发掘组织价值创造过程中的隐性知识。通过回顾组织目标以及分析组织成员反馈的信息，发现并强化组织的独特品质和力量。

第三节　年度经营计划的制订

一、制订年度经营计划的要求

（一）制订者与参与者必须明确年度经营计划的导向

开始制订计划时，制订者与参与者需明确六个导向，即企业长期战略导向、中期预算导向、市场导向、创新导向、目标导向和协作导向，并且围绕这六个导向达成基本共识。一旦日后发生争议和冲突，必须以这六个导向为基准进行解决。

（二）管理者应该具备制订年度经营计划的能力要素

从企业运营角度来看，制订年度经营计划是对管理者运营能力的基本要求。管理者需要做到：

（1）始终对年度经营目标有清晰的认识和深刻的理解。

（2）能够精准预测未来一年的关键任务及其工作量。

（3）对如何完成年度任务和工作胸有成竹。

（4）能找到过去一年内企业在管理和运营上存在的问题及其关键原因，善于发现问题和解决问题。

（5）能够精准锁定年度经营计划的关键时间节点。

（6）善于跟踪、督促计划的有效执行。

（7）持续反思和改进。

二、年度经营计划的构成与制订流程

（一）年度经营计划的构成

年度经营计划的构成如下：

（1）回顾战略与预算。

（2）设定年度经营目标。

（3）重点问题分析与解决方案。

（4）核心任务立项。

（5）项目的资源与条件需求。

（6）项目的执行部门与个人，以及执行进度。

（7）监控计划。

（8）风险控制预案。

以上八点可归纳为三个方面：其一，在回顾长期战略和中期预算的基础上，确定年度经营目标，属于年度经营计划目标的设立；其二，根据目标与现实的差距，确定重点问题，开展核心任务立项，针对新项目匹配资源、条件，将项目分解到部门和个人，明确执行进度，属于任务执行；其三，监控计划和风险控制预案。以上三个方面可简短概括为目标设立、任务落实和风险控制。

（二）年度经营计划的制订流程

可总结年度经营计划的制订流程如图 7–2 所示。

流程图	职责部门	相关说明
回顾战略与预算	相关各部门	收集分析最新外部环境和内部运营资料，回顾战略和预算
设定年度经营目标	相关各部门	根据预算，采取自上而下、自下而上的方式，确定各年度经营计划目标，并由总经理办公室和企业管理(发展)部统筹
年度市场营销计划	市场部门	根据市场调查，制订年度整体营销计划
推广/销售/研发	市场部门 销售部门 研发部门	市场部制订市场推广计划，销售部制订销售计划，研发部制订新产品研发计划
生产与财务计划	生产部门 财务部门	生产部门制订年度生产计划，财务部门制订年度财务计划
人力与行政计划	人力部门 行政后勤部门	人力资源部制订年度人力计划，行政部门制订后勤保障计划
说明/宣导	总经理及 各部门主管	由总经理及各部门主管逐级说明、宣导企业及各部门年度经营计划
策略/目标执行	各部门 相关执行人员	制订年度经营策略及其计划并以此执行、推进
策略/目标达成（否／是）	各部门 相关执行人员	按照时间管控流程，针对实绩与目标进行评估分析
提出改善措施并追踪确认	各部门 相关执行人员	对未达成的目标及时提出改进措施，由部门主管负责追踪确认
评估及调整；记录/整理	年度评估会议	将年度评估会议中提出的经验教训，作为下一年度调整、制订经营计划的依据

图 7–2　年度经营计划的制订流程

第八章 三个制导的重心、贯通与平衡

从长期的战略制导到中期的预算制导，再到短期的年度经营计划制导，本章将对这三个制导的重心、贯通与平衡进行阐述。

第一节 三个制导的重心——经营、管理与领导力

战略制导、预算制导、年度经营计划制导，就管理重心而言，分别落实在高层、中层、基层，三者的协同也是对经营、管理与领导力三者的综合应用。

一、企业组织结构中的经营、管理与领导力

在企业组织结构（见图 8–1）中，经营是横向的价值创造链，即从研发、采购到生产，再到销售、推广、客户服务等。

管理又叫管控，它是纵向的，即从高层到中层，再到基层。主要有五大管控手段，即战略规划管控、财务预算管控、人力资源管控、经营计划管控、信息平台管控。管控的目的其实就是提升企业整个价值链创造的效率和保持价值的持续性增长。

领导力既不属于经营，也不属于管理，或者说它是超越经营与管理的，是经营与管理的推动者、创新者、平衡者。

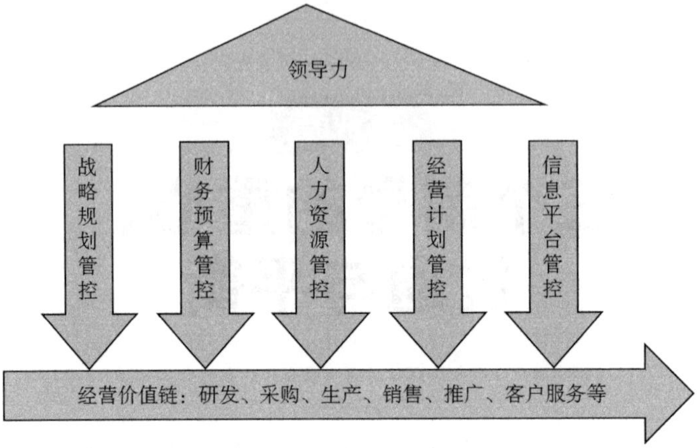

图 8–1　企业组织结构

二、分别以经营、管理与领导力为重心的三类组织

根据对经营、管理和领导力的侧重，企业中的组织可划分为以下三类。

（一）以经营为重心的组织

这类组织整体重视价值链的创造流程及其效率、效果，通常采用扁平化、网络化的组织结构；为了应对市场快速变化和业务动态竞争的不稳定，在工作目标的设定上专注于客户需求；管理制度灵活，采取分权和团队项目小组的形式开展任务突击行动；强调个人的独立和综合素质，内部文化呈现多元化特点。此外，这类组织非常重视对业务流程的建设和改善，聚焦流程再造，依据行业核心竞争力因素进行价值链优势的塑造。

以经营为重心的组织在高科技企业，尤其是成长期的企业中非常普遍。由于企业整体实力不强，必须集中精力面对市场变化和竞争挑战，推动业务高速增长。这种组织的短板在于管控能力弱，而且往往因专注于当前手头的业务而忽略未来的市场机会和对持续竞争能力的塑造。

（二）以管理为重心的组织

这类组织整体以提升管理效率为目标，强调统一协作和集体主义精神；通过部门分工和职能导向，建立科层制的“金字塔”式组织结构；管理制度系统严密，文化单一且同质化；通常采用集权方式自上而下地发布行政指令，不需要个体在能力上有突破；组织内部非常注重职位等级，强调监督与检查，执着于局部和细节的持续改善。

以管理为中心的组织一般产生自比较稳定的环境之中。市场变化趋缓，竞争相对稳定，造就了这种按部就班、分工协作、系统严谨的组织形态，致使组织的创新能力不足，管理者大多数趋于保守。

（三）以领导力为重心的组织

这类组织以未来战略作为目标，甚至追求超前目标。由于面对极其不稳定且急速变化的环境，需要组织具有极强的灵活性，其成员需要具有极高的综合素质和个人能力，能够进行独立的探索与开拓创新。

以领导力为重心的组织，一般在创业型企业中比较普遍，需要核心管理者具有敏锐且独到的眼光，以及果断、迅捷的自我决策能力，还要有能够独当一面、解决难题的行动力。

显然，当企业进入成熟期后，一旦外界环境，尤其是所在行业发生剧烈的动荡，就到了考验高层管理者领导力的时候。企业需要从以管理为重心的组织向以领导力为重心的组织转型，培养和塑造中高层管理者的卓越领导力成为当务之急。

上述三类组织各有优缺点，企业在发展的不同阶段以及应对环境动荡的不同时期，既要明确当前的组织类型和优缺点，又能够随着管理情景的变化进行组织变革，驱动组织持续进化，提升对市场变化的适应力，提高企业的创新与竞争能力。

第二节 三个制导的贯通与平衡

长期战略制导、中期预算制导、短期年度经营计划制导，贯穿整个企业的上、中、下三个层级，同时横穿价值创造的流程，确保企业在充满不确定性、复杂多变的环境中平稳运行。

一、三个制导的贯通

从战略制导、预算制导，到年度经营计划制导，是一个自上而下的落实与执行的过程，问责制通常是最好的方式。从年度经营计划制导、预算制导，到战略制导，则是下级员工完成上级指令的过程，其有效方式是奉献制。涉及平行部门的配合时，一般可采用的方式是承诺制。

（一）问责制

某些管理者把问责制等同于责任书，这仅是从形式上理解问责制。问责制的关键是“问”，即通过自上而下的“追问”，将抽象的战略定位、战略边界、战略学习、战略创新、战略管控等，具体化为中层、基层的任务指标和行动要求，形成具有可行性的方案。这个持续“追问”的过程，也是不断地检验高层的战略假设、战略预测、战略决策是否与实际相符合，以便及时修正战略决策。

在自上而下的“追问”过程中问对问题最重要，可以围绕以下七个问题①进行问责：

（1）谁是企业的主要客户？

（2）企业的核心价值观把谁放在第一位？股东、员工还是客户？

（3）需要关注哪些关键业绩指标？

（4）如何划定战略边界？

（5）如何驱动企业持续创新？

（6）如何促进员工之间的互助承诺？

（7）战略上有哪些不确定因素需要提前应对？

参照上述七个问题，企业可以根据自身的实际情况设计系列问题清单，并按照一定时间周期实施自上而下的“追问”。

在解决“问”的内容后，“责”即可随之进行。上级管理者可以与下级签订责任书，明确年度目标、关键指标、核心事项等。

① 西蒙斯．七个战略问题［M］．北京：中国人民大学出版社，2013.

（二）奉献制

奉献制是自下而上的设计。

“奉”是“献”的前提，下级首先要积极回应上级的“追问”，理解问题的含义，并做出切合实际、专业的回答，即所谓的认知和反馈要到位；其次对已经形成的决策和方案，要有信心、有激情、积极主动地贯彻到位。

如何判断“奉献制”是否到位呢？企业管理者按照如下五个标准评估即可。

（1）下级是否理解、认同企业的使命、愿景、价值观？是否认可所属团队的共同责任、目标？

（2）下级是否为完成上级的目标和任务提出了最佳行动方案？

（3）下级是否在行动上做到积极主动？

（4）下级是否在出现意外时有所准备，并把这些意外及时反馈给上级，同时提出自己的新想法和新方案？

（5）中层管理者是否为下级提供知识、经验、资源、作业条件等，作为下级完成目标和任务的支持？

（三）承诺制

承诺制的对象是平行部门及其员工，因为他们之间不存在上下级的权力约束，所以必须以承诺的形式来增进信任，促进彼此在流程和跨部门作业上相互配合，及时完成共同任务。

首先，在计划阶段，通过共同参与计划与方案的制定，明确各相关部门和人员的认知、思路和方法，尤其了解彼此拥有的资源与条件，确定需要协作的工作内容。

其次，对协作过程中的冲突和不协调展开充分的沟通。

最后，在对存在的问题达成共识后提出解决方案，形成一份承诺书并让参与者签订。

此外，还必须做到一件事，那就是要对在践行承诺上表现良好的员工及其团队给予奖励。

二、在时间维度上确保三个制导的平衡

我们在本书的第一篇中论述了三个驱动力，即愿望驱动、业务驱动和能力驱动的动态平衡，但这三者之间的平衡只是逻辑结构上的平衡，没有涉及时间维度。

对于战略制导、预算制导、年度经营计划制导而言，需要企业在时间维度上确保这三者的平衡。主要有两种方式，一是开展审计与评估，二是设计战略运营计分卡并加以运用。

首先，在每年的第三季度进行战略审计，将其作为制定新战略的依据；其次，在每个季度进行一次预算审计，以便对预算计划做出调整；最后，在每月底或次月初则进行经营审计，并根据情况对年度经营计划进行改善，如表 8–1 所示。

表 8–1　对三个制导的审计与评估重点

项目	时间跨度	目标	评估和制定周期
战略审计	5 年	创造未来核心竞争能力、客户价值，创新种子业务	每年的第三季度
预算审计	3 年	在资金、技术、人力上取得现在与未来的平衡	每季度末或次季度初
经营审计	1 年	考察主营业务的收入、利润、投资收益率	每月底或次月初

在按照年度、季度、月度分别对战略、预算、经营进行审计和评估后，需要进一步依照短期、中期与长期这一时间维度确保三个制导的平衡。

如表 8–2 所示，企业可通过设计战略运营计分卡，构建三个制导平衡的评估指标体系。

表 8–2　战略运营计分卡

期限	战略制导	预算制导	年度经营计划制导
关键指标	战略定位	投融资组合预算	年度利润
	战略目标	战略运营预算	年销售收入
	战略边界	人力与组织发展	年投资收益
	战略学习	长期资产	客户满意度等

第三篇

持续改善和创新的行为模式

驱动力解决企业发展的动力问题，制导系统确保企业沿着既定方向平稳前进，但所有的这一切最终必须落实到行为模式上。

行为模式和思想同样重要，在企业管理中必须做到知行合一。这也是在驱导管理的第三部分中要论述的内容，如下图所示。

对于促进企业的持续创新和发展而言，只有行为模式的突破才是真正的突破。驱导管理的目标之三，就是阻止企业创造力的衰退，帮助企业通过行为模式的改善突破现状。

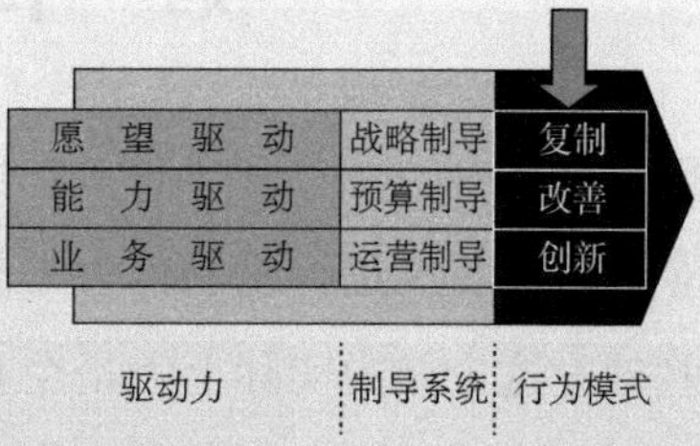

管理专家把员工在企业的行为模式划分为三类，即机械性的复制行为、持续优化的改善行为和突破以往惯常模式的创新行为。

本书的第三篇将从复制行为、改善行为、创新行为这三个方面进行论述。

第九章 复制行为与改善行为

复制行为可以将企业在过去所取得的成功的隐性知识逐步显性化，确保其在企业内部迅速得到传播和有效应用。

改善行为则是管理者应对环境变化，尤其是市场竞争的常规性动作。本章将对这两者进行论述。

第一节 复制行为

企业管理者在进行复制行为之前，必须为其做好充分准备，构建复制行为的能力基础。这个能力实际上就是企业不断创造知识、内化知识、复制知识、传播知识的过程，是组织内部对知识的创造、扩散，以及转化为成果的过程。

尽管管理专家把企业知识划分为显性知识和隐性知识，认为隐性知识只能创造、不能被复制，而显性知识则是可以复制的。但从企业管理实践的最终结果来看，没有知识是不可复制的。那些隐性知识可能因为是某个企业在特定环境下根据自身需要开发出来的"诀窍"（know-how），才给模仿者的复制造成很大困难，使其在短期内难以复制，或者说即使表面上复制了，但产生的效果也不明显。其实只要模仿者更加认真仔细地学习隐性知识创造者所处的任务情景，进行更为系统、深刻的经验萃取，在经过足够长的时间后，这个隐性知识会逐渐显性化，甚至成为行业公开的"诀窍"。

我们把将隐性知识显性化、零散的知识系统化，使其成为可以供其他人复制、学习的行为称为经验萃取。经验萃取其本质就是把过去成功的经验和技能进行结构化处理，成为标准的知识体系，进而作为其他人可以学习的“最佳做法”。复制行为从经验萃取开始。经验萃取也不是一蹴而就的，需要一个持续改进的过程。

经验萃取一般包含界定边界、深挖案例、萃取精华、输出成果四个步骤。

1. 界定边界

为了明确这个案例经验的使用范围，必须对其界定边界。例如，该经验适用于哪个行业、哪个领域、哪类技术作业、哪些职能管理、哪些人群等。

2. 深挖案例

通过对最佳案例进行深度访谈、持续调研，请主持、亲历这个最佳案例的当事人成为导师等，获取案例经验的内在规律，探索描述经验的最佳结构，即将成功因素结构化，通常采用 STAR 方法。

S（Situation）是背景，即这个经验产生的背景，包括出现的技术与管理问题、冲突、进化等。

T（Target）是目标，即需要在解决这些问题上达成的目标是什么？由此目标产生的必须完成的任务有哪些？

A（Action）是行动，即采取了哪些关键做法？这些做法的具体步骤和方法是什么？

R（Result）是结果，即最后取得了哪些成果？对这些成果进行定性和定量表述。

3. 萃取精华

即找到案例经验中的核心要素和关键环节，作为复制和学习的内容。利用任务分解法，可以清晰地把案例中的精华部分提取出来，如表 9-1 所示。

表 9-1 任务分解决

要素	具体描述
步骤或流程	解决问题和完成任务的规范步骤、操作顺序
关键要点	决定成败、成效的关键控制点、指标等
要点依据	选择这些关键控制点、指标的理由，必须如此做的根据，以及不做的后果等
常见问题	列出执行过程中容易出现的错误，尤其是新手最容易产生的失误、迷惑等
异常处理	对例外情况的处置，或出现意外情况时的预案

除了任务分解法，我们也可以应用管理中最常见的5W2H法，5W分别指Why、Who、What、Where、When，2H分别是How和How much。5W2H法比任务分解法更能够描述最佳案例的整体过程。

无论是任务分解法还是5W2H法，最终都要形成标准化作业模式，便于输出成果，确保在企业内部快速复制成功。

4. 输出成果

第一步，将标准化作业成果文本化，形成培训教材、操作手册、认证资格、审核标准等文件，用来固化经验成果，并为复制行为的执行提供参考指标。

第二步，导入培训和行动学习，进入具体实施阶段。

第三步，对阶段性成果进行总结和评估。

第四步，制定纠正方案，继续进行复制。

对于基于经验萃取的复制行为，管理专家存在两种争论：一种认为，必须老老实实、完整地复制；另一种认为，复制就是在吸取成功经验的基础上进行再创造，属于在成功经验基础上的创新。这两种观点无所谓对错，关键取决于最后的效果。总而言之，复制行为在企业行为中也属于改善行为的一部分。对于做出复制行为的部门和个人而言，只要达成了目标，就是一个有效的复制行为。

第二节　改善行为

企业的外部环境不可能每天都发生剧烈动荡，也不可能一成不变，其变化的常态应该是“渐变”。故此，改善行为成为管理者应对环境变化，尤其是市场竞争的常态模式。

一、改善行为的三个目标

首先，员工的改善行为源于对现状的不满足，或者说其希望追求尽善尽美，他们不甘平凡，有对自己工作始终追求卓越的主动性与自觉性。因此，企业管理者在企业文化中必须培育员工“追求卓越”的理念。

其次，员工对专业技术知识的掌握需要一个日积月累的过程，尤其是专业与管理的诀窍。员工必须在行动中思考、领悟，逐步尝试提高，由浅知到深知，由生疏到熟练，由片面到系统，而这是一个永无止境的进程。

最后，无论是降低成本、提高运营效率，还是完善产品质量和服务、提升客户价值，都需要企业的各个部门在协作方法上尝试探索。因而跨部门技术知识整合，以及对团队工作方式的不断创新，也是改善行为的主要目标。

二、改善行为的起因与步骤

企业运营中的问题分为好问题与坏问题，所谓好问题，就是实际结果与目标存在差距；坏问题是指在运营过程中出现的缺陷，往往是突然产生的，并且无法预测。从企业平稳运行、避免风险的角度，管理者需要降低坏问题产生的概率。然而，任何企业都无法彻底消除坏问题的产生，关键是如何将这些问题作为改善行为的动力。

通常，改善行为被设计为四个标准步骤，即 PDCA——计划（Planning）、执行（Do）、检查（Check）、处理（Act）。

三、改善行为的周期与对象

就改善行为的周期而言，可以把改善行为划分为长期战略改善、中期预算改善、短期运营改善，三者都必须纳入 PDCA 改善循环之中。短期运营改善又可以划分为年度改善、月度改善、日常改善等。

就改善行为的对象而言，可以区分为功能性改善与部门性改善。部门性改善比较好理解，是对部门承担的职能进行改善，如人力资源部如何改善绩效考评、招聘流程，财务部如何改善应收账款、现金管理等。而功能性改善不是涉及某个部门，而是涉及采购、生产、技术、服务等多个部门，需要跨部门作业，其问题往往比较复杂。因此，功能性改善必须由专门的组织机构来负责，某些企业会设立运营部或功能管理委员来负责这项工作。

第十章 创新行为

创新行为是企业对未知领域的探索过程，体现了企业思想进化、组织变革、价值增长的最终突破。

本章从创新行为出发，从管理突破的角度，论述企业创新行为的关键要素。

第一节　创新行为与改善行为的区别

在具体工作内容上，创新行为和改善行为的区别表现在三个方面。

一、重视过程还是重视结果

最好的管理应既重视结果也重视过程，善于通过对过程的改进，拉近起点与结果、手段与目的的距离，让管理者更为客观、全面地勘定管理全貌。

二、重视企业创造价值链的上游还是下游

企业为了满足社会进步和市场需求，依据原始的力量进行科学发现和技术发明创造，进而设计出满足客户需求的新产品原型并进入生产过程，再导入市场，通过营销活动被客户购买、使用，转化为客户价值，这个过程就是企业创造价值的链条，如图 10–1 所示。

其中，从科学发现到技术发明，再到新产品被设计出来，属于创新过程，而后面的生产、营销活动则属于改善的过程。前者是对物质、技术的认知和方法的重大突破，体现人类行为的创造性，后者则是对社会组织系统的整合，以及对市场需求和竞争的应对，体现人类行为的适应性。

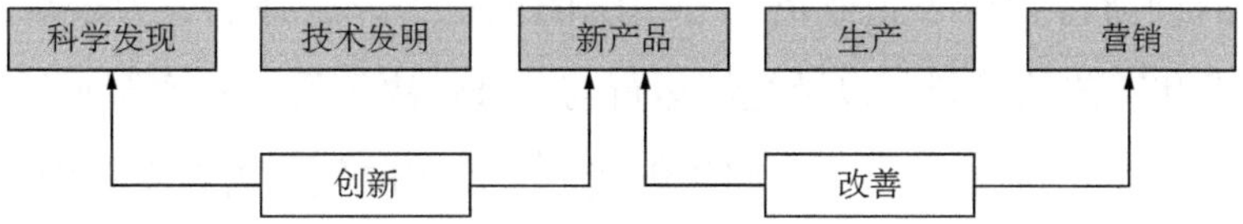

图 10-1 企业创造价值链

三、技术导向还是人本导向

创新的本质最终归结为技术创新，而这种创新只有在高科技领域才会发生，遵循以技术为导向的管理方式，最后产生颠覆性产品，推动产业升级和整体产品生态的品质升级。改善大多数发生在技术较为低端的领域，涉及管理细节和不同关系的协作与沟通，必须以人为本，逐步对现有产品进行优化，持续提升质量和品位。

最好的产品竞争力，应该是技术与人性的完美结合，需要把技术导向与人本导向有机融合起来。从产品生命周期来看，突破性技术创新出现后，其生产的新产品成本高昂、质量不稳定，需要通过逐步改善行为，才能进入批量生产，从而降低成本、改进质量和改善收益。这就需要利用改善行为的优势，使产品更加精致、生产流程更加优化。

在产品导入市场后，也需要通过改善提升消费者的满意度。因此，改善能够很好地贯通技术创新与生产环节，让技术最终能够适宜地满足消费者需求。

对创新行为和改善行为的区别有清醒的认知，可以使我们在管理理念上更加明确各自的优缺点，在面临管理实践问题时，有针对性地采取行动，把两种行为融合起来，促成企业独到的竞争优势。

第二节　塑造企业员工和组织的创造力

企业的创新行为源于企业员工和组织的创造力，这种创造力表现为研发新产品、技术和工艺的革新，以及组织运行与突破性决策等。专家调查后发现，企业员工价值的大约 60% 取决于他们的创造力。员工的创造力在企业中得到发挥，会使他们更有成就感，进而增加员工满意度。塑造员工和组织的创造力，是企业创新行为的基础。如果企业员工的创造力消失了，那么企业在市场竞争中就会越来越平庸并逐步被市场淘汰。

一、塑造企业员工的创造力

创造力是衡量企业创新行为速度、成果的指标，也称为创新绩效。

同改善行为一样，创造力源于发现问题、预测问题和解决问题。在解决问题的过程中，人们能够获取新的显性知识和隐性知识。

一方面，个体的经历、学习能力等的不同，造成个体在创造力上的差异。有研究发现，那些具有独立性、热爱冒险、思维活跃开放，并且喜欢尝试新方法、创造新事物的人，往往最具有创造力。这些人善于发现问题、分析问题，具有很强的学习能力，能够提出新想法和新方法，而且有能力把这些新想法落实到具体行动中，从而获得与以往不同的新结果。

另一方面，个体的创造力，必须获得组织上的支持。如果组织具有宽松的环境氛围，能够容忍失败，鼓励成员积极尝试、试验新想法，并且在组织结构上保持资源和权力对积极创新的开放状态，形成支持创新的生态系统，那么该组织可有效促进个体创造力的落实并取得创新绩效。

除了选择具有创造力的员工进入创新岗位，通过培训提升员工的创造力也是一种有效方法。

对于整个组织而言，员工创造力的培养与组织的领导力、组织结构设计有很大关系。因此，企业需要在组织层级上尽量扁平化以保持敏捷性。此外研究发现，组织成员之间的互动质量，尤其是上下级互动的质量影响着创新速度。对此，需要企业做到以下几点：

· 消除权威与等级偏见。

· 鼓励探索性调研和建设性异议的常态化。

· 以创造力构建员工的成长模式和其对组织的承诺。

二、塑造组织的创造力——创新文化

如果说创造力是创新行为的根源，那么创新的文化氛围及其制度规则，则是构建企业创新行为的“软因素”。

（一）创新的文化氛围

我们可以从以下四个维度构建有利于企业员工创新行为的文化氛围：

（1）尊重和信任。创新的文化氛围基于对员工的尊重和信任，尤其是对员工个体想法的倾听。在吸纳新员工时，不要急于同化员工的思想和行为，而是善于在社交互动中支持其不同于组织文化的表达方式和内容。

（2）等级属性。企业决策尽量避免自上而下的集中决策，而是通过建议和参与的方式获取不同的想法，打破等级制度带来的信息沟通障碍，尽量做到组织沟通的扁平化。同时保持部门的开放性，使员工可以轻松地组建跨部门的创新团队，其沟通和信息流动不受等级制度的影响，个体在具体项目上被赋予充分的自主权。

（3）工作本质。具有创新文化的企业，其工作充满挑战性而不是平庸无趣，将工作中的重复性动作交给机器来处理，从而使更多的工作内容充满灵活性。

（4）支持与奖励。明确对创造力和创新行为的重视，具有鼓励创新的措施和奖励机制，围绕创新行为有一套完整的考核标准和激励制度。

（二）支撑创新文化的制度规则

如何建立支撑企业创新文化的制度规则呢？研究企业创新行为的专家们总结出以下七个方面。

（1）崇尚自由和冒险。员工在工作中表现出很大的自主性、自治性，把创新作为工作中不可或缺的一部分，不断地挑战现状，容忍错误，接受失败。

（2）充满活力和未来导向。不受过去的事件及其固有规矩的约束，主动应对环境的变化，对变革保持积极乐观的态度，注重长期利益和持续性，面向未来，积极进取，注重品质而不是数量。

（3）外部导向。对外界环境变化保持敏感，非常重视客户需求的变动，总是从客户的角度思考问题和改进产品、服务与流程。与外部利益相关者建立积极关系，重视他们的反馈，并将其作为推动创新变革的积极力量。

（4）内部信任和对内开放度。信任可使员工在工作关系中体验更好的情感满足和安全感，促进思想更加活跃，使创新想法纷纷涌出。企业与员工、部门之间保持高度的开放交流，鼓励发散式思维创新。

（5）参与式讨论。员工能够自由地参与讨论，提出的观点容易被倾听、接纳。

（6）跨部门式互动。促进不同部门、不同专业领域人员之间的直接交流，形成良好的跨部门协作，打破工作岗位、职能甚至财务预算的界限，形成管理上相互依赖、共助、协同的关系。

（7）企业的创新故事和创新英雄。将企业的创新故事和创新英雄录入企业文化手册，用于员工的培训，并作为企业文化的重要部分对其进行广泛宣传，以激励后来员工积极效仿，同时激发他们的创新热情。

企业创新文化为个体和组织的创新行为提供持久的推动力，企业管理者需要从战略、组织、制定上全面、持续地培养创新文化。

第三节　产品创新

企业创新行为的最主要领域就是产品创新，按照克里斯坦森的观点，产品创新可以划分为产品持续性创新和产品颠覆式创新。产品持续性创新相当于我们前面论述的改善行为，所以这里论述的主要是产品颠覆式创新，以区别于对产品的日常改善。

一、产品颠覆式创新

为什么历史上有些大型企业最终会被规模非常小，但实现了产品颠覆式创新的企业打败？根本原因在于这些大企业往往只专注于产品持续性创新，而不能进行产品颠覆式创新。

企业如何避免沉迷于产品持续性创新，实现产品颠覆式创新呢？

（一）避免只聚焦主流客户群，重视针对少数早期先锋客户的产品创新与开发

出于对市场规模和利润的考虑，大企业不愿意关注早期的小型客户群体，只聚焦主流客户群对产品与服务进行改善。然而，一旦这些主流客户群发生变迁，企业的产品被更新的产品取代，这些大企业就不可避免地衰落了。

（二）避免追求利润率和财务绩效，重视超前技术创新

大企业的业务考核通常以财务绩效为核心指标，同时受到股东对投资收益率、股价短期利益诉求的压力，所以那些不盈利、前景不明确的技术创新项目，要么不能获得批准和资金支持，要么在立项后被放弃。

对此，3M 公司采取了“逆向战略计划法”，摆脱了财务绩效的束缚。所谓逆向战略计划，指先进行技术创新，然后再去寻找能够匹配此技术方法的客户和市场。这样就摆脱了在新产品、新技术开发之前先考虑主流客户群、目标客户需求、财务回报等问题的束缚，即由技术来引导市场。

（三）摆脱企业现有流程、价值观、文化的限制

在企业发展壮大过程中形成的流程、价值观和文化，都是为既有主流客户群和市场服务的，其形成的能力、规范等虽然适应了当前的环境和价值创造，但也必然对满足新客户、新市场的产品颠覆式创新构成巨大障碍。为了使产品颠覆式创新项目不受企业现有流程、价值观、文化的束缚和不利影响，企业必须使这些创新项目和团队独立于既有的运营组织和管理体系，甚至形成与企业现存体系完全隔离的组织，保持其独立性。

二、产品创新以个体自主性为驱动

产品创新的前提是技术创新和技术应用的突破。那么，如何鼓励从事产品创新的专业技术人员产生创新想法、实现产品颠覆式创新呢？塑造他们的自主性是关键要素。

（一）尊重产品开发人员的自主性

基于个体自主性的思考和创意是产品创新的根源，因此必须尊重产品开发人员的自主性，有四个方法可以让管理者克服对开发人员自主性的干涉和“侵害”。

（1）以文本形式明确尊重员工自主性是企业最重要的文化规则。

（2）明确规定管理者没有权力撤销员工的参与权。

（3）给予员工一定的理念“空间”和时间“空间”，让员工可以自由地探索。

（4）明确与开发成果密切相关的加薪和升职机制。

（二）建立共享的技术平台和技术论坛

创新工作是以个体为主角的，企业可通过以下方式为相关技术人员提供内部优势资源和信息，提高他们创新成功的概率。

（1）根据企业产品开发涉及的相关技术，建立员工可以自由共享的网络技术平台。

（2）建立可进行技术交流的技术论坛。

（三）让技术人员与客户面对面地接触

负责新产品开发的管理者一定要制造机会，让产品开发技术人员亲自去拜访、观察客户，与客户面对面地沟通，感受客户的需求。

管理者需要训练技术开发人员，在与客户沟通和观察客户时，不仅要了解他们的需求，还要理解、感受他们的情绪和欲望，如此才能开发出打动客户的新产品，才能成功地将新产品市场化。

此外，管理者要注重产品创新中个体自主性的建立，让产品创新成为产品开发人员自觉、自愿的行动，并在技术、专业、管理等大力支援下勇往直前，挑战现有技术难题，推陈出新。

第四节 商业模式创新

商业模式的创新是一个探索、发现、组合、尝试的过程。许多企业也在不断尝试和推进商业模式的创新，成功案例不在少数。如何确保设计的商业模式在实践尝试中获得成功呢？

一、商业模式创新的关键问题

若想使商业模式创新取得成功，必须在实际探索中搞清楚四个问题：

（1）是否在进行创造性客户细分时抓住了新客户、新需求，尤其是紧迫的需求，即客户痛点？

（2）所提供的新客户价值在整个产业链中是否是关键的、可控的？

（3）是否具有核心技术可以颠覆整个产业，或构建新产业模式？

（4）是否具有核心资源、关键流程以确保持久竞争力和持续盈利？

企业在创新的起步阶段，大多数不知道自己是否能够满足以上四点要求，但具有创造力的管理者往往能够看到他人无法看到的愿景，利用其惊人的洞察力预知其进化的路径，并根据市场反馈不断调整自身的商业模式，将设计、尝试和进化有机地结合起来，最终获得了稳定、可靠，并且为企业持续带来利润的新商业模式。

二、商业模式设计的有效方法

为了让商业模式创新更加深入实际、贴近市场，专业人士开发了一些提升其成效的方法和工具。

（1）商业模式设计画布（见图 10–2）。企业可按照图中的九个要素分别进行分析。用此方法的好处就是能够全面且系统地对商业模式的关键构成要素逐项分析，形成较为复杂的组合战略控制体系，而这样的创新商业模式很难被竞争对手模仿。

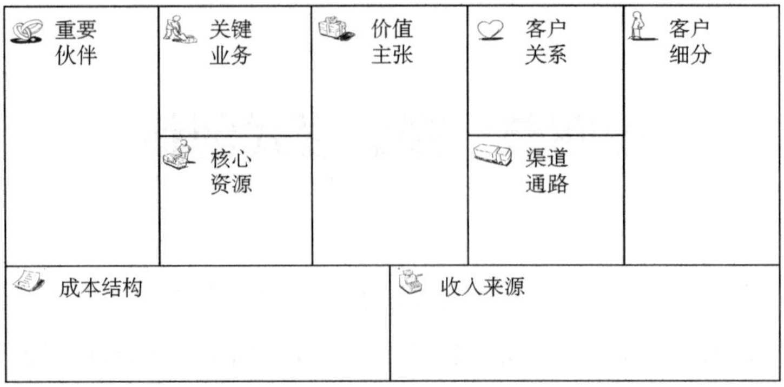

图 10-2　商业模式设计画布

（2）客户洞察和客户价值创新的设计方法，即如图 10-3 所示的“客户移情法”。

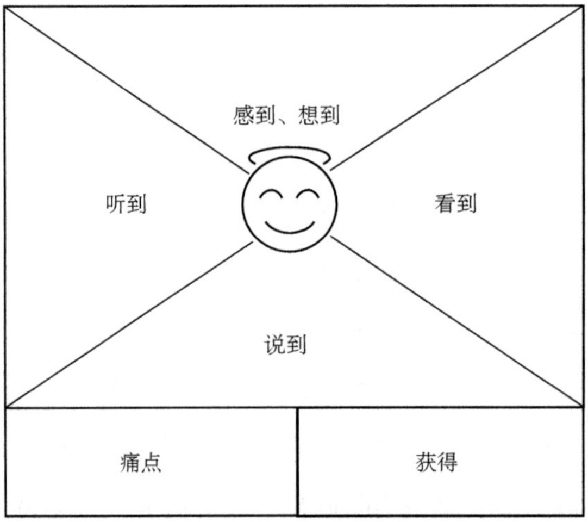

图 10-3　客户移情法

客户移情法是 XPLANE 公司开发设计的一个可视思考工具。

创新人员以客户的感知系统作为出发点，分别询问客户以下问题：

· 客户从企业的产品和服务或新的价值主张中看到了什么？

· 客户听到了什么？

· 客户说了什么？

· 客户的感觉和想法是什么？

· 客户的痛点有哪些？最重要的痛点是什么？

· 客户想要获得的是什么？

客户移情法不仅能够让创新人员完全站在客户的感知、认知角度去理解、体会客户的所思所感，而且可以通过不同的感知通道，深挖客户深层、细微的需求和欲望，尤其是潜在的情感需求和痛点，这就为企业在客户价值上的创新突破奠定了基础，成为商业模式创新的最佳起点。

（3）视觉化的商业模式原型制作。即按照专业路径和方法，将商业模式设计画布中的因素以视觉图形的形式在纸张上画出来，供小组探索、讨论与完善，并通过案例和试验测试等方式进一步完善，如图 10–4 所示。

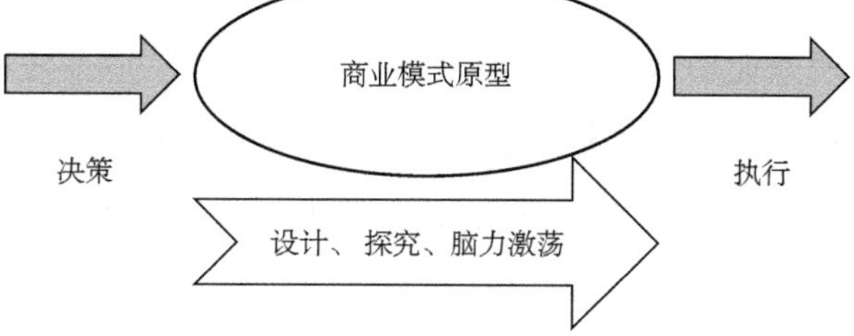

图 10–4　商业模式原型制作

这是一个从决策到设计、探究、脑力激荡，再到执行的过程。在进行早期决策时，必须尽量详尽地概括企业的业务现状及其面临的主要问题，这些问题主要聚焦于客户细分、客户感知和体验，以及对客户的竞争等方面，是重点、基础的问题；在设计、探究和脑力激荡的过程中，尽最大可能聚焦主要问题和重点问题，获取多种解决方案，并对方案进行择优排序。这个阶段需要有新思维、新创意，突破原有的思维习惯框架，最终设计出具有创新概念的商业模式原型，它最好是数个创意的组合，从而形成环环相扣的体系，或者对系列新概念（3 个~5 个）形成多个执行方案，最后进入执行阶段。

（4）故事化叙事方法。以讲故事的方式，陈述创新商业模式如何创造客户价值，如何对其顺畅运作进而产生利润。相对于理性思维，人们更愿意接受形象思维，因此讲述生动形象的故事，更容易促使人们突破原有惯常思维，进入无知的新领域，产生新观念。

我们可以从两个视角来设计、讲述故事：

其一，客户视角。站在客户的立场，思考其面临的问题和这些问题的场景是什么，以及客户在其中遇到了哪些困难。通过设计不同场景下的生动故事，进而洞察客户的潜在需求、客户的情感和社会关系诉求等。

其二，企业视角。即从企业员工的立场，陈述如何给客户提供新产品和服务，明确解决客户问题需要的系统及其关键流程，尤其需要哪些外在和内在的支撑因素。这些故事的设计有利于激发更多在企业产品和服务项目上的创新。

（5）情景推测法。对情景的设计和推测，能够激发创新者的创造力，产生打破常规的创新想法。

首先是客户情景推测，把抽象的客户价值概念转化为具体的情形描述，预测客户的购买情景、使用情景、同别人交流时的情景、使用后的情景等。

其次是对未来商业模式的竞争情景进行预测，形象地描述商业模式中每个核心因素上的竞争情形及其后果，尤其对竞争对手的反应模式有具体、形象的推测，进而清晰地构建新商业模式的核心竞争能力。

参考文献

［1］阿曼德，谢泼德 . 创新管理——情景、战略、系统和流程［M］. 陈劲，译 . 北京：北京大学出版社，2021.

［2］沙因 . 组织文化与领导力［M］. 马红宇，王斌，等译 . 北京：中国人民大学出版社，2011.

［3］马利克 . 战略——应对复杂新世界的导航仪［M］. 周欣，刘欢，等译 . 北京：机械工业出版社，2013.

［4］克里斯坦森 . 颠覆性创新［M］. 崔传刚，译 . 北京：中信出版社，2019.

［5］今井正明 . 改善——日本企业成功的奥秘［M］. 周亮，战凤梅，译 . 北京：机械工业出版社，2010.

［6］大久保孝俊 .3M 的脑神经管理［M］. 宫静，译 . 北京：东方出版社，2020.

［7］德鲁克 . 卓有成效的管理者［M］. 许是祥，译 . 北京：机械工业出版社，2005.

［8］本尼斯，戈德史密斯 . 领导力实践［M］. 姜文波，译 . 北京：中国人民大学出版社，2008.

［9］明茨伯格 . 管理工作的本质［M］. 方海萍，等译 . 北京：中国人民大学出版社，2006.

［10］克劳福德，贝尼迪托 . 新产品管理：第 11 版［M］. 刘力，王海军，译 . 北京：电子工业出版社，2018.

［11］库托，普兰斯基，卡格拉 . 重塑增长——成本削减、重组和转型的战略指南［M］. 普华永道思略特管理咨询公司，译 . 北京：机械工业出版社，2017.

［12］莱维特 . 自上而下——永恒的层级管理［M］. 李维安，周建，译 . 北

京：商务印书馆，2006.

［13］阿吉里斯．组织困境——领导力、文化、组织设计［M］．姚燕瑾，译．北京：中国财富出版社，2013.

［14］帕门特．关键绩效指标——KPI的开发、实施和应用［M］．王世权，杨斌，张倩，等译．北京：机械工业出版社，2008.

［15］三谷宏治．商业模式全史［M］．马云雷，杜君林，译．南京：江苏凤凰文艺出版社，2016.